Mariano José de Larra

El arte
de conspirar

Barcelona **2024**
Linkgua-ediciones.com

Créditos

Título original: El arte de conspirar.

© 2024, Red ediciones S.L.

e-mail: info@linkgua.com

Diseño de cubierta: Michel Mallard.

ISBN tapa dura: 978-84-9897-340-2.
ISBN rústica: 978-84-96428-04-1.
ISBN ebook: 978-84-9897-047-0.

Cualquier forma de reproducción, distribución, comunicación pública o transformación de esta obra solo puede ser realizada con la autorización de sus titulares, salvo excepción prevista por la ley. Diríjase a CEDRO (Centro Español de Derechos Reprográficos, www.cedro.org) si necesita fotocopiar, escanear o hacer copias digitales de algún fragmento de esta obra.

Sumario

Créditos _____ 4

Brevísima presentación _____ 9
   La vida _____ 9

Personajes _____ 10

Acto I _____ 11
   Escena I _____ 11
   Escena II _____ 13
   Escena III _____ 16
   Escena IV _____ 18
   Escena V _____ 20
   Escena VI _____ 23
   Escena VII _____ 29
   Escena VIII _____ 33
   Escena IX _____ 37
   Escena X _____ 42

Acto II _____ 45
   Escena I _____ 45
   Escena II _____ 46
   Escena III _____ 52
   Escena IV _____ 55
   Escena V _____ 60
   Escena VI _____ 63
   Escena VII _____ 64
   Escena VIII _____ 66
   Escena IX _____ 69
   Escena X _____ 70
   Escena XI _____ 73
   Escena XII _____ 75

Acto III — 79

- Escena I — 79
- Escena II — 83
- Escena III — 84
- Escena IV — 88
- Escena V — 91
- Escena VI — 96
- Escena VII — 96
- Escena VIII — 98
- Escena IX — 99
- Escena X — 102
- Escena XI — 103

Acto IV — 107

- Escena I — 107
- Escena II — 108
- Escena III — 112
- Escena IV — 113
- Escena V — 115
- Escena VI — 118
- Escena VII — 123
- Escena VIII — 124
- Escena IX — 124
- Escena X — 126
- Escena XI — 129
- Escena XII — 130

Acto V — 137

- Escena I — 137
- Escena II — 140
- Escena III — 141
- Escena IV — 145
- Escena V — 146
- Escena VI — 149
- Escena VII — 150

Escena VIII _____ 152
Escena IX _____ 153
Escena X _____ 153

Libros a la carta _____ **159**

Brevísima presentación

La vida

Mariano José de Larra (Madrid, 1809-Madrid, 1837), España.

Hijo de un médico del ejército francés, en 1813 tuvo que huir con su familia a ese país tras la retirada de las fuerzas bonapartistas expulsadas de la península. Como dato sorprendente cabe decir que a su regreso a España apenas hablaba castellano. Estudió en el colegio de los escolapios de Madrid, después con los jesuitas y más tarde derecho en Valladolid. Siendo muy joven se enamoró de una amante de su padre y este incidente marcó su vida. En 1829 se casó con Josefa Wetoret, la unión resultó también un fracaso.

Las relaciones adúlteras que mantuvo con Dolores Armijo se reflejan en el drama *Macías* (1834) y en la novela histórica *El doncel de don Enrique el Doliente* (1834), inspiradas en la leyenda de un trovador medieval ejecutado por el marido de su amante. Trabajó, además, en los periódicos *El Español*, *El Redactor General* y *El Mundo* y se interesó por la política.

Aunque fue diputado, no ocupó su escaño debido a la disolución de las Cortes. Larra se suicidó el 13 de febrero de 1837, tras un encuentro con Dolores Armijo.

Personajes

María Julia, reina viuda, suegra de Cristiano VIII, rey de Dinamarca
El conde Beltrán de Rantzau, miembro del consejo de Estruansé, primer ministro
Falklend, ministro de la Guerra, miembro del consejo de Estruansé
Federico de Geler, sobrino del ministro de Marina
Carolina, hija de Falklend
Koller, coronel
Berton Burkenstaf, mercader de sedas
Marta, su mujer
Eduardo, su hijo
Juan, mancebo de su tienda
Jorge, criado de Falklend
Bergen, señor de la corte
Un ujier
El presidente del tribunal supremo de justicia
Pueblo

Acto I

Comedia en cinco actos y en prosa

La escena se supone pasar en Copenhague en enero de 1772
Salón del palacio del rey Cristiano. A la izquierda la habitación del rey. A la derecha la de Estruansé

Escena I

Koller, sentado a la derecha; al mismo lado Grandes del reino, militares, empleados de palacio, pretendientes, con memoriales, esperando la audiencia de Estruansé.

Koller   (Mirando a la izquierda.) ¡Qué soledad en las habitaciones del rey! (Mirando a la derecha.) ¡Qué multitud a la puerta del favorito!... Si yo fuera poeta satírico, mi empleo era el más a propósito... ¡capitán de guardias en una corte donde un médico es primer ministro, la mujer del médico reina y el rey nada! Ya se ve, ¡un rey débil y enfermo! ¿Quién ha de mandar? ¡Paciencia!... Para eso está aquí la Gaceta, que ve en eso nuestra mayor felicidad... (Leyendo para sí.) ¡Hola!... Otro decreto... «Copenhague, 14 de enero de 1772. Nos Cristiano VIII, por la gracia de Dios rey de Dinamarca y de Noruega, por la presente hemos venido en confiar a su excelencia el conde de Estruansé, primer ministro y presidente del consejo, el sello del Estado; y mandamos que todos los actos emanados de él se guarden, cumplan y obedezcan en todo el reino, sin más requisito que su sola firma, y aunque nos no pongamos la nuestra...» Ahora comprendo la causa del gentío que acude esta mañana a cumplimentar al favorito... ¡eh! ya es rey de Dinamarca... este decreto es una abdicación del

	otro... (Viendo llegar a Bergen.) ¡Ah! ¡vos aquí, querido Bergen!
Bergen	Sí, coronel, ¿Veis qué gentío en la antecámara?
Koller	Aguardan que se levante el amo.
Bergen	Desde que amanece le llueven las visitas.
Koller	Eso es muy justo. Ha hecho tantas él cuando era médico, que es razón que se las paguen ahora que es ministro. ¿Habéis leído la Gaceta de hoy?
Bergen	No me habléis de eso... Todo el mundo está escandalizado. ¡Qué descaro! ¡Qué infamia!
Un ujier	(Sale de la habitación derecha.) Su excelencia el conde de Estruansé está visible.
Bergen	Perdonad. (Se mete entre la multitud y entra en la habitación de la derecha.)
Koller	¡También éste va a pretender! He aquí los hombres que logran los empleos, y nosotros por más que pretendamos, ¡nada!... Pues bien; antes morir que deberle la menor gracia... ¡tengo demasiado orgullo para eso! Cuatro veces me ha negado ya... a mí... el coronel Koller, el grado de general, que tengo tan merecido, aunque no deba yo decirlo... pues hace diez años que lo pretendo. Pero le ha de pesar... él sabrá quién soy yo... ¿No quiere comprar mis servicios?... Se los venderé a otros. (Mirando al foro.) La reina madre, María Julia; viuda, a su edad... demasiado pronto por cierto... ¡Es terrible! razón tiene para aborrecerle más que yo.

Escena II

La reina, Koller

Reina	(Mirando alrededor con inquietud.) ¡Ah! ¡sois vos, Koller!

Koller	Nada temáis, señora; estamos solos: todos acaban de entrar a besar los pies de Estruansé y de la hermosa condesa... ¿Habéis hablado al rey?

Reina	Ayer, como teníamos convenido, le hallé solo en un cuarto retirado triste, pensativo... se le caían las lágrimas, y estaba haciendo fiestas a su enorme perro, su fiel compañero, el único de sus dependientes que no le ha abandonado. «Hijo mío, le dije, ¿no me conoces? —Sí, me contestó; sois mi madrastra... no, no, añadió cariñosamente, mi amiga, mi verdadera amiga, porque me tenéis lástima, ¡me venís a ver!...» Y alargándome la mano, me decía afligido: «¡Veis qué malo estoy! Yo muero, señora, y no hay remedio para mí».

Koller	¿No es cierto, pues, que esté privado del juicio, como quieren hacernos creer?

Reina	No, sino viejo antes de tiempo, aniquilado enteramente por excesos de toda especie: se han embotado sus facultades, y se ha debilitado su cabeza hasta el punto de no poder soportar el menor trabajo, la más ligera ocupación: hasta el hablar le cuesta un esfuerzo... pero al oír lo que se le dice, se animan sus ojos, y brillan con una expresión particular. Ayer su semblante manifestaba muy al vivo cuánto sufría, y me dijo con una sonrisa amarga: «Ya lo veis; todos me abandonan. ¿Y la

	condesa? ¿Y Estruansé? ¡Estruansé!... ¡lo quiero tanto! ¿dónde está? que venga a curarme».
Koller	Entonces era ocasión de manifestarle... de abrirle los ojos...
Reina	Ya lo hice; pero era preciso mucho tino... Sabéis lo que puede en el corazón de un enfermo pusilánime, abatido, débil, un médico que le promete la salud... la vida... Es su oráculo... su amo... ¡su Dios! Empecé, pues, por recordarle cuando ese hombre oscuro logró introducirse en palacio, a pretexto de la enfermedad del príncipe, y casi le hice ver que él lo mató errando torpemente la cura; le puse ante los ojos cómo después su carácter intrigante logró granjearle su intimidad, y adulando sus pasiones llevarlo él mismo de exceso en exceso al estado de postración en que se halla... con la idea sin duda de hacerse cada día más preciso, de dominarle más y más, y llegar a satisfacer los planes desmedidos de ambición que la casualidad le ofrecía... Le hice ver que, lejos de emplear su ciencia en curarlo, su interés era mantenerle largos años en aquel estado doloroso de sufrimiento y de debilidad que tanto le atormenta, y con promesas y esperanzas mentidas, con consejos falsos y pérfidos, asustarlo, aislarlo, y arrancar de sus manos el poder. Se le presenté elevándose sucesivamente al rango de ayo de príncipe, de consejero, de conde... aspirando y logrando con escándalo del reino y con toda la osadía de un favorito hasta la mano de una mujer unida a la familia real por los vínculos de la sangre, montando su casa con la etiqueta y servidumbre palaciega, y hasta el punto de contar él, primer ministro, entre las damas de honor de esa su insolente esposa, a la hija de otro ministro: le patenticé la conducta descabellada de su

	parienta traficando con su posición, con su hermosura, con los empleos... se le pinté, en fin, haciendo gala de su ilimitado poder, y burlándose casi en público de la aprensión... de la nulidad, de la demencia de un rey a quien todo lo debe, y a quien manda como a un esclavo, o más bien como a un autómata... Al oír esto, un rayo de indignación brilló en aquel rostro desfigurado; sus facciones pálidas y ajadas se encendieron de repente, y con un tono que me sorprendió empezó a exclamar a gritos: «¡Estruansé! ¡infame!... ¡Estruansé! ¡que venga aquí! ¡quiero hablarle!».
Koller	¡Cielos!
Reina	De allí a poco vino Estruansé con aquel aire de superioridad... de seguridad... dirigiéndome al paso una sonrisa de triunfo y de desdén. El rey estaba irritado... aquella era la ocasión... pero en vano. Yo los dejé solos, e ignoro qué armas pudo emplear en su defensa: lo que sé es que este incidente ha contribuido a aumentar el ascendiente del favorito; que la condesa estaba anoche más altanera que nunca, y que han llegado al pináculo del poder: ese decreto que ha arrancado al infeliz monarca, y que publica hoy la Gaceta oficial, reviste al primer ministro, a nuestro mortal enemigo, de toda la potestad real.
Koller	Y el primer uso que harán de ella será contra vos, señora; no dudaré que llegue su venganza hasta el punto de...
Reina	Sí; y es preciso evitarlo... es preciso que hoy mismo... ¿Quién viene?

Koller	(Mirando al foro.) ¡Favoritos del favorito! El sobrino del ministro de Marina, Federico Geler... y Falklend, el ministro de la Guerra... ese hombre que para adular a Estruansé no ha dudado en consentir la humillación de hacer a su hija dama de honor de la condesa... Ella viene con él.
Reina	Sí: Carolina: silencio delante de ella.

Escena III

Geler, Carolina, Falklend, La reina, Koller

Geler	(Dando la mano a Carolina.) Sí; hoy acompaño a la condesa Estruansé en la magnífica cabalgada que ha dispuesto... Si vierais, Carolina, qué bien se tiene a caballo... ¡con un aire! ¡oh, aquello no es una mujer!
Reina	(A Koller.) No; es un sargento de caballería.
Carolina	(A Falklend.) ¡La reina madre!... (Los tres la saludan.) Señora, iba a ver a Vuestra Majestad.
Reina	(Con sorpresa.) ¿A mí?
Carolina	Tenía encargo de hacer a Vuestra Majestad una súplica.
Reina	Esta es la mejor ocasión.
Falklend	Hija mía, te dejo; voy al cuarto del conde de Estruansé, nuestro primer ministro.

Geler	Yo os acompaño: tengo que cumplimentarle por mí y por mi tío, el ministro de Marina, que está hoy algo indispuesto.
Falklend	¿De veras?
Geler	Sí; ayer tarde acompañó a la condesa Estruansé en el paseo que dio en la falúa real... y el mar le ha hecho daño...
Reina	¡A un ministro de Marina!
Geler	¡Oh, no será nada!
Falklend	(Viendo a Koller.) ¡Ah, buenos días, coronel Koller!... ya sabéis que no me olvido de vuestra pretensión.
Reina	(Bajo a Koller.) ¿Vos pretendéis de ellos?
Koller	(Ídem.) Por alejar toda sospecha.
Falklend	Por ahora, amigo, no hay cabida: la condesa Estruansé nos ha recomendado a un joven oficial de dragones.
Geler	¡Hermosa figura! en el último baile se llevó la atención bailando la húngara.
Falklend	Pero ya veremos; entraréis a la primera promoción de generales, si continuáis sirviéndonos con el mismo celo.
Reina	¡Y si aprendéis a bailar!
Falklend	(Sonriéndose.) ¡Su Majestad está hoy de un humor graciosísimo!... veo que participa de la satisfacción que nos

causa a todos el nuevo favor concedido a Estruansé... Tengo el honor de ofrecer a Vuestra Majestad mis respetos. (Éntrase por la derecha con Geler.)

Escena IV

Carolina, La reina, Koller

Reina	Hablad, pues señorita, veníais...
Carolina	Señora, la condesa Estruansé me ha rogado...
Reina	¡La condesa Estruansé!... (A Koller.) ¿Qué embajada será esta?
Carolina	Que diese parte a Vuestra Majestad de que mañana da un baile en su palacio, y le suplicase al mismo tiempo en su nombre que se dignase honrarlo con su presencia...
Reina	¿Yo?... (A Koller.) ¡Qué insolencia! ¿Con que un baile?...
Carolina	Sí, Señora: ¡un baile magnífico!...
Reina	¡Para celebrar sin duda su nuevo triunfo!... Y tiene la bondad de convidarme... ¡a mí!
Carolina	Señora... ¿qué le diré?
Reina	Que no.
Carolina	¡Señora!... ¡Vuestra Majestad se niega!
Reina	¿Y queréis que os dé las razones, no es verdad? ¡Aun no he olvidado el decoro que se me debe como reina

	y como mujer, y nunca autorizaré con mi presencia el escándalo de esos saraos, el olvido del pudor, el desprecio de las costumbres públicas! Donde presiden Estruansé y su mujer... donde reinan la traición y la deshonra... no hay sitio para mí... ¡ni para vos tampoco, señorita!... Y ya creo que lo hubierais echado de ver, si vuestro padre, atento solo a su ambición, al permitiros alternar en semejante sociedad, ¡no os mandase sin duda cerrar los ojos sobre lo que allí pasa!...
Carolina	Ignoro, señora, lo que puede motivar la severidad y el rigor que Vuestra Majestad manifiesta... y no entraré en una discusión ajena de mi edad y mi conducta. Sumisa a mis deberes, yo obedezco a mis padres y nada más... a nadie tengo motivo de acusar, porque nada he visto... Si a mí me acusaren, ¡dejaré a mi conducta el cuidado de mi defensa!... (Saludando.) A los pies de Vuestra Majestad.
Reina	¿Os vais?... ¿tanta prisa corre la contestación?...
Carolina	No, señora... otros quehaceres...
Reina	¡Ah! sí, se me había olvidado... ya sé que vuestro padre también da hoy un convite... ¡no se ve otra cosa! ¿una gran comida, según creo, a que deben asistir todos los ministros?
Carolina	Sí, señora.
Koller	¡Convite diplomático!
Reina	Tiene otro motivo además: vuestro contrato de boda...

Carolina   ¡Cielos!

Reina   Con Federico Geler, el que acabamos de ver... el sobrino del ministro de Marina... ¿Qué, no lo sabíais? ¿Es esta la primera noticia?

Carolina   Sí, señora.

Reina   Siento habérosla dado, porque parece que no os ha agradado...

Carolina   Señora, mi obligación y mi deseo serán siempre obedecer a mi padre. (Saluda y vase.)

Escena V

La reina, Koller

Reina   Ya lo habéis oído, Koller... esta tarde en el palacio del conde de Falklend... ese convite donde se hallarán reunidos Estruansé y sus colegas... Eso es lo que iba a contaros cuando vinieron a interrumpirnos.

Koller   Y bien, señora, ¿qué hacemos con eso?

Reina   (En voz baja.) ¡Cómo! ¡qué hacemos!... ¿No veis cómo el cielo nos entrega así a todos nuestros enemigos de una vez? Es preciso apoderarnos de ellos.

Koller   ¿Qué decís?

Reina   El regimiento que vos mandáis está de guardia en palacio esta semana... podéis disponer de él... y sobra para una empresa que solo pide prontitud y osadía.

Koller	¿Y creéis?
Reina	Por lo que he visto ayer, el rey, a causa de su debilidad, no tomará ningún partido, pero aprobará seguramente todos los que se tomen. Una vez destituido Estruansé, no faltarán pruebas contra él... pero lo primero es echarlo abajo... es cosa fácil... si he de creer en esta lista que me habéis dado y que os devuelvo. Es el único medio de acabar con ese usurpador y tomar yo la regencia en nombre de Cristiano VII.
Koller	Tenéis razón, un golpe atrevido: es lo más pronto... esto vale más que todas esas intrigas diplomáticas, de que no entiendo una palabra. Esta tarde os entrego los ministros, muertos o vivos... nada de perdón... el primero Estruansé... Geler, Falklend, ¡y el conde Beltrán de Rantzau!...
Reina	No, no; a ese no hay que tocarle.
Koller	A ese más que a ninguno; le aborrezco personalmente: sus chanzonetas continuas contra los oficiales palaciegos, soldados de antecámara, como él los llama...
Reina	¿Y qué os importa eso?
Koller	Es que lo dice por mí, bien le entiendo... y me vengaré...
Reina	Bueno; pero no ahora. Necesitamos de él... lo necesitamos mucho para que ponga de nuestra parte al pueblo y a la corte. Su nombre, sus riquezas, sus talentos personales pueden dar consistencia a nuestro partido... que no la tiene; porque todos esos nombres

que me habéis enseñado valen poco... son de ninguna influencia, y no basta derribar a Estruansé, es preciso que uno ocupe su lugar... y sobre todo que sepa mantenerse en él.

Koller   Convengo... ¡pero ir a buscar aliados entre vuestros enemigos!...

Reina   Rantzau no lo es: tengo pruebas de ello: ha podido perderme mil veces, y no tan solo no lo ha hecho, sino que en mil ocasiones me ha advertido indirectamente los riesgos a que iba a exponerme mi imprudencia; por último, estoy segura de que Estruansé, su colega, le teme y quisiera deshacerse de él; que él por su parte aborrece a Estruansé y vería con placer su caída... ya veis... de esto a ayudarnos, no hay más que un paso...

Koller   Es verdad... pero yo no puedo sufrir a ese Beltrán de Rantzau... es un viejecillo maligno, que, aunque en verdad no es enemigo de nadie, tampoco es amigo más que de sí propio. Si conspira, es solo en provecho suyo... ¡todo para él!... en fin, un conspirador egoísta, ¡con el cual nada se puede ganar!...

Reina   Estáis equivocado... (Mirando hacia la izquierda.) ¡Mirad! ¿lo veis en aquella galería, conversando con el gran chambelán?... Sin duda irá al consejo... dejadnos; antes de atraerlo a nuestro partido, ni descubrirle nada de nuestros proyectos, quiero saber cómo piensa.

Koller   ¡Trabajo os mando, señora! De todos modos, voy por el pronto a hacer que algunos de los nuestros se repartan por la ciudad y vayan preparando la opinión pública... Herman y Gustavo son conspiradores subalternos, a esos no hay sino pagarlos... Hasta la tarde; contad conmigo y con el sable de mis soldados... en materia de conspiraciones esto es lo que hay de más positivo. (Vase por el foro, señalando a Rantzau, que sale por la izquierda.)

Escena VI

Rantzau, La reina

Reina — (A Rantzau, que la saluda.) Vos también, señor conde, venís a palacio a felicitar a vuestro muy alto y muy poderoso colega...

Rantzau — ¿Y quién os dice, señora, que no vengo para hacer la corte a Vuestra Majestad?

Reina — Eso sería muy generoso... muy digno de vos, por otra parte; en el momento en que estoy más en desgracia... en que voy a ser desterrada tal vez...

Rantzau — ¿Creéis que se atreverían?...

Reina — Eso os podría yo preguntar, a vos, Beltrán de Rantzau, ministro, y de influencia... a vos, miembro del consejo.

Rantzau — ¡Yo! ignoro cuanto en él pasa... nunca voy. Sin deseos, sin ambición, no aspirando a otra cosa que a separarme de los negocios, ¿qué podría yo hacer en él? Todo lo más tomar a veces la defensa de algunos amigos imprudentes, lo cual podría muy bien sucederme hoy mismo.

Reina — Vos que afectabais no saber nada... ¿sabéis, pues?...

Rantzau	Lo que pasó ayer en la cámara del rey... sí por cierto... convenid conmigo que fue raro empeño el de querer probarle absolutamente que su favorito... ¡Oh! Vuestra Majestad no podía tener razón.
Reina	¡Es decir que me reconvenís por mi fidelidad a Cristiano, a un rey desgraciado! ¡Suponéis que no se puede tener razón cuando se intenta quitar la máscara a los traidores!
Rantzau	Cuando no se consigue, sí, señora.
Reina	Y si yo lo consiguiese, ¿podría contar con vuestro auxilio, con vuestro apoyo?
Rantzau	(Sonriéndose.) ¡Mi apoyo! ¿eso me decís a mí, que en semejante caso tendría por el contrario que reclamar el vuestro?
Reina	(Con energía.) Y lo tendríais... os lo juro... ¿Me haréis vos igual juramento, no digo antes, pero después del peligro?
Rantzau	¿Es decir que le hay?
Reina	¿Puedo fiarme de vos?
Rantzau	No sé... pero me parece que soy ya depositario de algunos secretos que hubieran podido perder a Vuestra Majestad, y que jamás...
Reina	(Con viveza.) Lo sé. (A media voz.) ¿Esta tarde tenéis en casa del ministro de la Guerra, el conde de Falklend,

	una gran comida, a la cual asistirán todos vuestros colegas?...
Rantzau	Sí, señora; y mañana un gran baile, al cual asistirán también. Así tratamos nosotros los negocios. Yo no sé si el gobierno marcha, lo que sé es que baila mucho.
Reina	(Con misterio.) Pues bien; si queréis creerme, estaos en vuestra casa.
Rantzau	(Mirándola con penetración.) ¡Ya! desconfiáis de la comida... no valdrá nada.
Reina	Precisamente... no os digo más.
Rantzau	(Sonriéndose.) Confianzas a medias. ¡Cuidado! yo puedo divulgar los secretos que adivino... pero nunca los que me confían.
Reina	Tenéis razón; prefiere decíroslo todo. Buen número de soldados a mis órdenes rodearán el palacio de Falklend; se apoderarán de las salidas.
Rantzau	(Con aire incrédulo.) ¿Ellos por sí solos, y sin jefe?
Reina	Koller los manda; Koller, que no reconoce más órdenes que las mías, se precipitará con ellos por las calles de Copenhague, gritando: «¡Los traidores han concluido! ¡Viva el rey! ¡Viva María Julia!». Enseguida nos dirigimos a palacio, en donde, si nos ayudáis, el rey y los grandes del reino se declaran por nosotros, me proclaman regenta, y desde mañana soy yo, o más bien vos y Koller, quien dicta leyes a Dinamarca... Ese es mi plan y

	esos mis designios; ya los conocéis: ¿queréis entrar en ellos?
Rantzau	(Fríamente.) No, señora; hasta quiero ignorarlos enteramente, y juro a Vuestra Majestad que los proyectos que acaba de confiarme morirán conmigo, cualquiera que sea su éxito.
Reina	Os negáis a ayudarme, vos que habéis tomado siempre mi defensa, vos en quien yo confiaba.
Rantzau	¡Para conspirar!... Vuestra Majestad se equivocaba.
Reina	¿Y por qué?
Rantzau	Señora... si he de hablar francamente...
Reina	Veo... que me vais a engañar.
Rantzau	(Fríamente.) No: ¿con qué objeto? Hace mucho tiempo que me he desengañado de conspiraciones, y os diré porqué. He observado que los que se exponen rara vez sacan provecho de ellas; trabajan siempre para otros, que vienen después con sus manos lavadas a recoger sin peligro el fruto que aquéllos han sembrado a fuerza de riesgos. Semejante albur solo pueden correrle los muchachos, los locos, los ambiciosos que no ven claras las cosas. Pero yo raciocino: tengo sesenta años, algún poder, ¡riquezas!... iría yo a comprometer todo eso, aventurar mi posición, mi crédito... ¿y para qué?...
Reina	¡Para llegar al primer puesto! ¡para ver a vuestros pies a un colega, a un rival, que trata él mismo de derri-

	baros!... Sí... sé... a no poderlo dudar, que Estruansé y sus amigos quieren separaros del ministerio.
Rantzau	Eso dice todo el mundo, y yo no puedo creerlo. Estruansé es mi protegido, mi hechura, yo le he puesto donde está... (Sonriéndose.) Verdad es que algunas veces lo ha olvidado; convengo en ello; ¡pero en su posición es difícil tener memoria! Por lo demás, fuerza es confesarlo, es un hombre de talento, ¡un hombre superior que tiene altas miras para la prosperidad del reino y medios de llevarlas a cabo! es un hombre, en fin, con quien puede uno dividir el poder sin mengua... ¡Pero un Koller, un soldado oscuro, cuya sedentaria espada no ha salido nunca de la vaina, un agente intrigante, que ha vendido hasta la presente a cuantos le han comprado!...
Reina	¡Queréis mal a Koller!
Rantzau	¡Yo! yo no quiero mal a nadie... pero muchas veces digo para mí: que un cortesano, que un diplomático sea diestro, intrigante y aún algo más... ¡vaya! es su oficio; ¡pero que un militar, que como base del suyo debe profesar lealtad y franqueza, trueque la espada por un puñal!... Un militar intrigante... un traidor con uniforme... ese es el ente más vil: y acaso hoy mismo os pese de haberos fiado de él.
Reina	¿Qué importan los medios, si se consigue el objeto?
Rantzau	¡Es que no le conseguiréis! Nadie verá en ese negocio sino los proyectos de una venganza o de una ambición personal. ¿Y qué le importa al pueblo que os venguéis de la condesa, vuestra rival, y que de resultas de esa

	cuestión de familia logre el caballero Koller un buen empleo? ¿Qué significa una intriga de corte, en la cual el pueblo no toma parte? Para que un movimiento de esa especie sea duradero y estable, es preciso que esté preparado o hecho por él: y para eso es necesario que estén en juego sus intereses... o que se lo hagan creer al menos. Entonces se levantará, entonces no hay más que dejarle: él irá más lejos de lo que se quiera. Pero cuando uno no tiene de su parte la opinión pública, es decir, la nación... puédense suscitar motines, complots, rebeliones, ¡pero no llevar a cabo revoluciones!... Esto es lo que os sucederá.
Reina	Enhorabuena; aunque fuera cierto eso, aunque mi triunfo no hubiese de durar más que un día, me habría vengado a lo menos de todos mis enemigos.
Rantzau	(Sonriéndose.) Ved ahí otra nueva razón que os impedirá triunfar. Os domina la pasión, el rencor... Cuando se conspira, no se debe tener odio, porque ciega y quita la serenidad. No se debe aborrecer a nadie, porque el que hoy es enemigo puede ser amigo mañana... por otra parte, si os dignáis dar crédito a los consejos que me dicta mi mucha experiencia, el arte consiste en no entregarse a nadie, en no tener más cómplice que uno mismo; yo, que os hablo en estos términos, yo, que aborrezco las conspiraciones, y que, por consiguiente, no conspiraré... si diese alguna vez en la tentación, aunque fuese por Vuestra Majestad y en su favor... os juro que vos misma no sabríais nada, y ni aun lo sospecharíais.
Reina	¿Qué queréis decir?
Rantzau	Gente viene.

Escena VII

Dichos; Eduardo, dejándose ver en la puerta del fondo en conversación con los ujieres de la cámara

Reina ¡Ah! Es el hijo de mi mercader de sedas, Eduardo Burkenstaf... Llegad... acercaos... ¿qué me queréis? Hablad sin temor. (Bajo a Rantzau.) Es preciso irse haciendo popular.

Eduardo Señora, he venido a palacio con mi padre, que traía unas muestras a la condesa Estruansé, y también, según tengo entendido, a Vuestra Majestad; y mientras le dan audiencia... venía... será acaso demasiado atrevimiento en mí... a pedir a Vuestra Majestad una gracia...

Reina ¿Qué gracia?

Eduardo ¡Ah! apenas me atrevo... es tan terrible esto de pedir... ¡sobre todo cuando no tiene uno derecho alguno en qué fundarlo!

Rantzau Este es el primer pretendiente a quien oigo hablar en estos términos; cuanto más os miro, joven, más me convenzo de que no es esta la primera vez que nos vemos.

Reina En los almacenes de su padre... almacén del Sol de Oro... Berton Burkenstaf.. el negociante más rico de Copenhague.

Rantzau No... no ha sido allí... sino en los salones de mi terrible compañero el conde de Falklend, ministro de la Guerra...

29

Eduardo	Sí, señor... he sido dos años su secretario privado; mi padre lo había querido; deseando proporcionarme una carrera brillante, había logrado este favor por empeño de la señorita de Falklend, que solía venir a nuestros almacenes, en vez de dejarme en mi profesión, que acaso me hubiera estado mejor.
Rantzau	(Interrumpiéndole.) No por cierto, más de una vez he oído a Falklend, naturalmente severo y descontentadizo, hacer elogios de su secretario.
Eduardo	(Inclinándose.) ¡Bondad suya! (Con frialdad.) Hace quince días que me ha quitado ese destino, y me ha despedido de su casa.
Reina	¿Y por qué?
Eduardo	Lo ignoro. Era dueño de despedirme; ha usado de su derecho, y no me quejo. Vale tan poco en el mundo el hijo de un comerciante, que no se le deben satisfacciones de los desaires que se le hacen. Solo quisiera...
Reina	Otro destino... nada más justo.
Rantzau	(Sonriéndose.) Cierto; y puesto que el conde ha cometido la torpeza de privarse de vuestros servicios... Los diplomáticos nos apresuramos a aprovecharnos de los descuidos de nuestros compañeros: yo os ofrezco en mi casa lo mismo que teníais en la suya.
Eduardo	(Con viveza.) ¡Ah! Señor, eso sería para mí ganar cien veces más de lo que he perdido; pero soy tan desgraciado que no puedo aceptar.

Rantzau	¿Por qué?
Eduardo	Perdonad; no puedo decirlo... pero quisiera ser oficial... quisiera... y no puedo pedirlo directamente al señor ministro de la Guerra. (A la reina.) Venía, pues, a suplicar a Vuestra Majestad que se dignase interesarse por mí; una charretera en cualquier arma, en cualquier regimiento. Os juro que la persona a quien yo deba este favor no tendrá nunca por qué arrepentirse de habérmele dispensado, y que mi vida estará a su disposición.
Reina	(Con viveza.) ¿Decís verdad? ¡Ah! si solo dependiese de mí, desde este momento quedaríais nombrado; pero en la actualidad tengo poco favor...
Eduardo	¿Es posible? ¡Entonces mi único recurso es la muerte!
Rantzau	(Acercándose a él.) Eso sería muy sensible, sobre todo para vuestros amigos, y como yo desde hoy entro en ese número...
Eduardo	¿Qué oigo?
Rantzau	Probaré, a título de tal, a lograr de mi colega...
Eduardo	(Con calor.) ¡Ah, señor, os deberé más que la vida! (Con alegría.) ¡Podré hacer uso de mi espada como caballero!... Ya no seré el hijo de un comerciante, y si me insultan tendré el derecho de matar o morir.
Rantzau	(Reconviniéndole.) Caballerito...
Eduardo	(Con viveza.) O más bien, vos seréis dueño de mi existencia; no soy ingrato.

Rantzau	Os creo, amigo mío, os creo. (Señalándole la mesa.) Escribid vuestro memorial; yo le haré decretar por Falklend, a quien debo ver en el consejo. (A la reina, mientras que Eduardo escribe.) ¡He aquí un corazón entusiasta y generoso, una cabeza capaz de todo!
Reina	¿Es decir que creéis en ese?
Rantzau	Señora, yo creo en todos... hasta los veinte años... pero después, ya es otra cosa.
Reina	¿Y por qué?
Rantzau	¡Porque entonces son hombres!
Reina	Es decir que creéis que se puede contar con él, y que para sublevar al pueblo, por ejemplo, es el hombre que necesitamos...
Rantzau	No... hay algo más que ambición en esa cabeza, y yo en vuestro lugar... pero Vuestra Majestad hará lo que guste. Advierta Vuestra Majestad que yo no la aconsejo, que yo no aconsejo nada. (Eduardo, que ha acabado su memorial, le presenta al conde. Al mismo tiempo se oye a Berton gritar afuera.» ¡Esto no se concibe!... ¡es inaudito!.
Eduardo	¡Cielos! ¡la voz de mi padre!
Rantzau	No podía venir más a tiempo.

Eduardo	¡Ah! No, señor, no: os suplico que no sepa nada. (Entretanto la reina ha atravesado el teatro, hacia la izquierda, y Rantzau le arrima un sillón.)

Escena VIII

Rantzau; La reina, sentada; Berton, Eduardo

Berton	(Irritado.) Si no estuviese en palacio, y no supiese el respeto que se debe...
Eduardo	(Saliéndole al encuentro, y enseñándole la reina.) ¡Padre!
Berton	¡Ah! ¡La reina!...
Reina	¿Qué tenéis, señor Berton Burkenstaf?
Berton	Perdonad, señora; estoy confundido, desesperado... sé que la etiqueta prohíbe un arrebato como el mío en un palacio real, y sobre todo delante de Vuestra Majestad; pero después del ultraje que se acaba de hacer en mi persona a todo el comercio de Copenhague que represento...
Reina	¿Cómo es eso?
Berton	¡Hacerme esperar dos horas y un cuarto con mis muestras en una antecámara... a mí, Berton de Burkenstaf, síndico del comercio, para enviarme a decir con un ujier: «Vuelva usted otro día, amigo mío; la señora condesa no puede ver esas muestras, porque está indispuesta!».
Rantzau	¿Es posible?

Berton	Y si hubiera sido cierto, vaya; hubiera gritado el primero: «¡Viva la condesa»... (A media voz.) ¡pero es bueno saber!... creo que puedo explicarme sin temor delante de Vuestra Majestad.
Reina	Seguramente.
Berton	Pues no bien me habían dado el recado, cuando desde la ventana de la antecámara donde yo estaba, y que da sobre el parque, veo a la señora condesa paseándose alegremente agarrada del brazo de un oficial de dragones...
Reina	¿De veras?
Berton	Y riéndose con él a carcajadas... de mí, sin duda.
Rantzau	(Seriamente.) ¡Oh! no, no; eso no es creíble.
Berton	Sí tal, señor conde; estoy seguro; y a fe que en lugar de burlarse de un síndico, de un vecino respetable que paga exactamente al estado su patente y su contribución, la señora condesa podría ocuparse en los negocios de su casa y de su marido, que no están muy bien parados.
Eduardo	Padre... ¡por Dios!
Berton	No soy más que un comerciante, es verdad; pero todo lo que se fabrica en casa me pertenece; en primer lugar mi hijo, que está presente; porque mi mujer Ulrica Marta, hija de Gelastern, el burgomaestre, es una mujer honrada, que ha andado siempre derecha, por lo cual

me paseo por todas partes con la cabeza erguida; y hay algunas personas muy encopetadas en Copenhague que no pueden decir otro tanto.

Rantzau (Con dignidad.) Señor Burkenstaf...

Berton No nombro a nadie... ¡Dios proteja al rey! Pero por lo que hace al señor favorito y a la señora condesa, es harina de otro costal.

Eduardo ¿Pensáis lo que decís? si os oyesen...

Berton Me oirían. ¡Y qué! ¡No tengo miedo a nadie! Tengo ochocientos artesanos a mi disposición... Sí, pardiez; pues qué, ¿soy yo como mis compañeros que traen sus géneros de París o de Lyon? Yo fabrico los míos aquí, en Copenhague, donde mis talleres ocupan todo un arrabal, y si tratasen de jugarme una mala partida, si se atreviesen a tocarme al pelo de la ropa... ¡Justicia divina!... ¡habría una revolución en la ciudad!

Rantzau (Con viveza.) ¿De veras? (Bueno es saberlo.) (Mientras que Eduardo procura calmar a su padre, llevándolo a un lado de la escena, Rantzau, que está de pie a la izquierda junto al sillón de la reina, le dice a media voz, señalando a Berton:) Ahí tenéis el hombre que necesitáis para jefe.

Reina ¿Qué decís? ¡un fatuo, un necio!

Rantzau ¡Tanto mejor! un cero bien colocado tiene un gran valor; es un hallazgo ese hombre para ponerle en primer término; si yo hubiese de tomar cartas en el juego, si yo

	explotase a ese negociante, me produciría un ciento por ciento de beneficio.
Reina	(A media voz.) ¿Lo sentís como lo decís? (Levantándose y dirigiéndose a Berton.) Señor Berton Burkenstaf.
Berton	(Inclinándose.) ¡Señora!
Reina	Me es muy sensible que os hayan faltado; yo honro el comercio, quiero protegerle, y si puedo haceros algún servicio a vos personalmente...
Berton	Señora, ¡cuánta bondad! Puesto que Vuestra Majestad se digna animarme, una gracia solicito hace mucho tiempo, el título de mercader de sedas de la corona.
Eduardo	(Tirando de su casaca.) Pero ese título lo tiene ya el señor Revantlow, vuestro compañero.
Berton	Que no trabaja, que se quiere retirar del comercio, que no tiene surtido ninguno... y, aunque fuese esto, una morisqueta que yo le jugase... ya has oído que Su Majestad quiere proteger el comercio; me atrevo a decir que yo tengo derecho en ese sentido a la protección de Su Majestad; porque al fin, de hecho yo soy el proveedor de la corte. Hace mucho tiempo que vendo a Vuestra Majestad; vendía a la señora condesa... cuando no estaba indispuesta; he vendido esta mañana a su excelencia el señor conde de Falklend, ministro de la Guerra, para el próximo casamiento de su hija...
Eduardo	(Con viveza.!... ¡se casa!

Rantzau	(Mirándole.) Efectivamente; con el sobrino del conde Geler, nuestro colega.
Eduardo	¡Se casa!
Berton	¿Qué te importa?
Eduardo	Nada... me alegro por vos.
Berton	Sí por cierto; haré negocio...
Rantzau	Ya veo a Falklend; pasa al consejo.
Reina	¡Ah! no quiero verle. Adiós, conde, adiós, señor Burkenstaf; no tardaréis en tener órdenes mías.
Berton	Seré nombrado... Me la llevaré... Corro a decírselo a mi mujer: ¿vienes, Eduardo?
Rantzau	No; ¡todavía no! tengo que hablarle. (A Eduardo, mientras que Berton se va por el foro.) Esperadme allí. (Le señala la izquierda.) En aquella galería; sabréis al momento la respuesta del conde.
Eduardo	(Inclinándose.) ¡Señor!

Escena IX

Rantzau; Falklend, entrando por la derecha.

Falklend	(Pensativo.) ¡Estruansé se equivoca! Su posición es demasiado elevada para tener nada que temer; puede atreverse a todo. (Viendo a Rantzau.) ¡Ah! ¿Sois vos, querido colega? eso es lo que se llama exactitud.

Rantzau	Contra mis costumbres... porque asisto raras veces al consejo.
Falklend	Todos nos quejamos de eso.
Rantzau	¿Qué queréis? a mi edad...
Falklend	Es la edad de la ambición, y se me figura que no tenéis bastante.
Rantzau	Son tantos los que tienen de más la que a mí me falta... ¿De qué se trata hoy?
Falklend	De un asunto bastante delicado. Se nota estos días un abandono, un desenfreno...
Rantzau	¿En palacio?
Falklend	No; en la ciudad. Se habla con toda libertad, y se habla mal, según parece, del primer ministro y de su esposa. Yo estoy por medidas fuertes y enérgicas. Estruansé tiene miedo; teme disturbios, sublevaciones que no pueden existir; y entretanto los descontentos toman alas, y se aumenta la osadía; por todas partes circulan coplas, canciones, libelos, caricaturas...
Rantzau	Paréceme, sin embargo, que todo ataque de esa especie hecho al gobierno es un delito, y en semejantes casos la ley os autoriza... y os da facultades...
Falklend	De que es preciso usar. Tenéis razón.

Rantzau	Sí; con un ejemplar, uno solo, todo el mundo callará. Ahí tenéis sin ir más lejos un descontento, un hablador, hombre de cabeza y de chispa, y tanto más peligroso cuanto que es oráculo de su barrio.
Falklend	¿Quién?
Rantzau	Me lo han nombrado; pero siempre estoy reñido con los nombres propios... un mercader de sedas... almacén del Sol de Oro.
Falklend	¿Berton Burkenstaf?
Rantzau	Precisamente; ¡el mismo! Ahora, si es cierto o no, eso es lo que yo no sé; no soy yo quien le ha oído...
Falklend	No importa; las noticias que os han dado son demasiado ciertas, y yo no sé por qué mi hija se surte siempre en su casa.
Rantzau	(Con viveza.) En la inteligencia de que es preciso no hacerle daño alguno... uno o dos días de cárcel...
Falklend	Pongámosle ocho.
Rantzau	(Fríamente.) Vayan ocho. Como gustéis.
Falklend	Excelente idea.
Rantzau	Vuestra toda; no quiero quitaros esa gloria a los ojos del consejo.
Falklend	Gracias: eso pondrá término a las hablillas. Tengo un favor que pediros.

Rantzau	Decid.
Falklend	El sobrino del conde de Geler, nuestro colega, va a casarse con mi hija, y le propongo hoy para una bonita plaza que le dará entrada en el consejo. Espero que por vuestra parte no habrá obstáculo alguno a este nombramiento.
Rantzau	¿Cómo pudiera haberlo?
Falklend	Pudiera decirse que es demasiado joven...
Rantzau	En el día eso es un mérito... la juventud es la que reina; y la condesa, por ejemplo, que no deja de tener alguna influencia en los negocios, no puede echarle en cara un efecto, de que tendrá ella que reconvenirse a sí misma por espacio de muchos años todavía.
Falklend	Esa sola galantería la decidiría, si fuese precisa su cooperación; bien dicen, que el conde Beltrán de Rantzau es el hombre de estado más amable, más conciliador, más desinteresado.
Rantzau	(Sacando un papel.) Tengo que pediros una bagatela; una subtenencia que necesito.
Falklend	Concedida en el acto.
Rantzau	(Enseñándole el papel.) Enteraos antes...
Falklend	(Pasando a la izquierda.) Sea para quien sea. En recomendándolo vos... (Leyendo.) ¿Qué es esto?... Eduardo Burkenstaf... Es imposible...

Rantzau	(Fríamente, tomando un polvo.) ¿Creéis que es imposible? ¿y por qué?
Falklend	(Cortado.) Es hijo de ese sedicioso, de ese hablador.
Rantzau	El padre enhorabuena; pero el hijo no habla; no dice palabra; por el contrario, sería una política excelente colocar un favor al lado de un castigo.
Falklend	No digo que no; pero también dar una charretera a un muchacho de veinte años...
Rantzau	Como decíamos no hace mucho, la juventud es la que reina en el día.
Falklend	Es verdad; pero ese muchacho cabalmente, que ha estado en los almacenes de su padre y después en mi secretaría, no ha servido nunca en la milicia...
Rantzau	Ni más ni menos que vuestro yerno en la administración. Sin embargo, si creéis que ese puede ser un obstáculo, no insistiré; respeto vuestra opinión, querido colega; la seguiré en todo y por todo... (Con intención.) y lo que vos hagáis, eso haré.
Falklend	(¡Maldito!) (Alto y procurando ocultar su rabia.) Vos hacéis de mí lo que queréis: lo examinaré, veré.
Rantzau	Cuando gustéis; hoy; esta mañana; antes del consejo podéis librar los despachos.
Falklend	No hay tiempo... son las dos...

Rantzau   (Sacando su reloj.) Menos cuarto.

Falklend   Atrasáis...

Rantzau   No por cierto, y la prueba es que siempre he sabido llegar a tiempo.

Falklend   (Sonriéndose.) Ya lo veo. (Con amabilidad.) Nos veremos luego... supongo... en casa... ¿a comer?...

Rantzau   No lo sé todavía; mucho me temo que mi dolor de estómago no me lo permita; pero de todas suertes seré puntual en el consejo, y allí me veréis.

Falklend   Cuento con ello.

(Vase.)

Escena X

Eduardo, Rantzau

Eduardo   ¿Y bien, señor conde?... me abraso de impaciencia.

Rantzau   (Fríamente.) Estáis nombrado, sois subteniente.

Eduardo   ¿Será cierto?

Rantzau   A la salida del consejo iré a casa de vuestro padre a escoger algunos géneros, y yo mismo os llevaré vuestros despachos.

Eduardo   ¡Señor! ¡Qué de bondades!

Rantzau	Os doy además un aviso, a vos, solo a vos, bajo la fe de secreto. Vuestro padre es indiscreto, imprudente... habla demasiado alto; esto pudiera acarrearle disgustos.
Eduardo	¡Cielos! ¿Está amenazada su libertad?
Rantzau	No sé nada, pero no sería imposible. En todo caso, ya estáis avisado; vos y vuestros amigos no le perdáis de vista; y sobre todo, silencio.
Eduardo	¡Ah! primero me dejaría matar que soltar una expresión que pudiese comprometeros. (Tomando la mano de Rantzau.) Adiós señor, adiós. (Sale.)
Rantzau	¡Excelente muchacho! ¡Cuánta generosidad hay encerrada ahí, cuántas ilusiones, cuánta felicidad! (Con tristeza.) ¡Ah! ¿por qué no había uno de poder estar siempre en los veinte años? (Sonriéndose.) Aunque, por otra parte, ¡mejor está así! ¡sería uno muy fácil de engañar! ¡Vamos al consejo!

(Vase.)

Acto II

Tienda de Berton Burkenstaf. En el fondo puertas vidrieras que dan a la calle, y delante de las cuales se ven piezas de telas de muestra. A la izquierda una hermosa escalera que conduce a sus almacenes. Debajo de la escalera la puerta de un sótano. Al mismo lado un mostrador pequeño; y detrás libros de caja y de muestras. A la derecha géneros, y una puerta que da a lo interior de la casa.

Escena I

Berton, Marta

(Berton está delante de su mostrador, y su mujer en pie a su lado, con varias cartas en la mano.)

Marta	He aquí pedidos para Lubek y para Altona... quince piezas de raso y otras tantas de tafetán.
Berton	(Con impaciencia.) Bien, mujer, bien.
Marta	Y cartas de nuestros corresponsales, a las cuales es preciso responder.
Berton	Ya ves que ahora estoy ocupado.
Marta	También es preciso escribir a ese rico tapicero de Hamburgo.
Berton	(Irritado.) ¡A un tapicero!
Marta	¡Toma! uno de nuestros mejores parroquianos.
Berton	Escribir a un tapicero... precisamente cuando estoy ocupado en escribir a una reina.

Marta	¡Tú!
Berton	¡A la reina-madre! una petición que la dirijo en nombre del comercio, porque es de saber que la reina-madre no me puede negar cosa alguna. Si hubieras visto, mujer, cómo me ha recibido esta mañana, y a qué altura me hallo con ella.
Marta	¿Y qué bienes nos vienen con esa gracia?
Berton	¿Qué bienes, eh? Se conoce que no eres más que una simple mujer, y una mujer simple; una tendera que no entiende el cristus de los negocios ¿Qué bienes? ¡Oiga! Crédito, favor, consideración... seré un hombre de influencia en mi barrio, en la ciudad, en el estado... algo, en fin, algo.
Marta	¿Y todo para qué? ¡Para ser proveedor con real privilegio de la corona! ¡No puedes vivir sin dictados, sin títulos! no has tenido nunca otros sueños ni otros deseos.
Berton	Déjame en paz... ¡Cabalmente!... se trata de ser proveedor de la corona. (A media voz.) Se trata, señora Burkenstaf, de ser prevoste del comercio, y ¿quién sabe? hasta burgomaestre de la ciudad de Copenhague... Sí, señor, lo he dicho, que para eso y para más hay favor... ¡eh! con la popularidad de que gozo y con la protección de la corte... ¡Uy!

Escena II

Juan, Berton, Marta

Juan	(Con géneros debajo del brazo.) Aquí estoy, señor... Vengo de casa de la baronesa de Molke.
Berton	(Bruscamente.) Y bien, ¿qué me importa? ¿qué quieres?
Juan	No quiere el terciopelo negro; le quiere verde. Y me ha dicho que se alegraría de que pudieseis llevarle vos mismo las muestras.
Berton	¡Mal rayo! Verán ustedes como tengo que abandonar mis negocios... Verdad es que la baronesa de Molke es mujer de corte... Irás allá, mujer; estas son incumbencias tuyas.
Juan	Además traigo aquí...
Berton	¡Otra vez! no acabará nunca.
Juan	(Enseñándole un saco.) El dinero de las veinticinco varas de tafetán...
Berton	(Cogiendo el saco.) ¡Voto va! Cuidado que da vergüenza tener uno que ocuparse en esos pormenores. (Devolviéndole el saco.) Lleva esto arriba a mi cajero, y que me dejen todos en paz. (Se pone de nuevo a escribir.) Sí, señora... a Vuestra Majestad es a quien...
Juan	(Pasando a la derecha, y sopesando el saco.) Da vergüenza, ¿eh? no tanto; muchas vergüenzas como esta quisiera yo pasar.
Marta	(Deteniéndole.) Oiga usted, señor Juan. Me parece que ha echado usted bastante tiempo para dos tristes comisiones que tenía que desempeñar.

Juan	(¡Ah, maldita!... ésta está en todo; no es como el amo.) (Alto.) Os diré, señora; es que me he detenido un rato por las calles para oír lo que se decía en algunos corrillos.
Marta	¿Y a propósito de qué?...
Juan	Pardiez, no sé... a propósito de un decreto del rey.
Marta	¿Y qué decreto?
Berton	(Con aire importante desde el mostrador.) No sabéis eso vosotros; el decreto que se ha publicado esta mañana, y que toda la autoridad real a Estruansé.
Juan	Tanto vale; maldito si lo entiendo; lo que sé es que se hablaba con calor, que la cosa se iba animando... y Dios sabe si tendremos ruido.
Berton	(Con aire importante.) Seguramente; el caso es grave.
Juan	(Con alegría.) ¿De veras, eh?
Marta	(A Juan.) ¿Y eso qué te importa a ti?
Juan	¡Vaya! me da gusto; porque cuando hay ruido, se cierran las tiendas, no se hace nada: día de asueto: y para los mancebos de las tiendas es un domingo más en la semana; ¡y luego da gozo correr las calles gritando lo que gritan los demás!
Marta	¡Gritando! ¿qué?

Juan	¡Qué sé yo! ¡pero se grita!
Marta	Basta. Sube, y quédate arriba: hoy no saldrás del almacén.
Juan	(Yéndose.) ¡Voto va! en esta casa no puede uno sacar partido de nada.
Marta	(Volviéndose y viendo a Berton, que entretanto ha tomado su sombrero.) ¡Oiga! y tú, que estabas tan ocupado, ¿adónde vas?
Berton	Voy a ver qué es eso.
Marta	¿Tú también?
Berton	¡Está bueno! ¡Pues no tiene miedo ya!, ¡las mujeres son el diablo! Mujer, no tengas cuidado; no voy más que a ver lo que pasa, a meterme entre los corrillos de los descontentos, y soltar cuatro expresiones de peso en favor de la reina-madre.
Marta	¿De la reina-madre? ¿Y qué diablos de falta te hace a ti su protección? Cuando uno tiene dinero en sus arcas, no necesita uno, de la protección de nadie; se ríe uno de los grandes señores; es uno libre, independiente; es uno rey en su casa; estate en la tuya... tu obligación está en tu almacén.
Berton	¿Es decir, que no sirvo sino para medir terciopelo? ¿es decir, que tú tienes en poco el comercio?
Marta	¿Yo tener en poco el comercio? ¡yo, que creo que es la profesión más útil al estado, y la causa de su riqueza y

49

de su prosperidad! yo en fin, que no conozco nada más apreciable que un comerciante que es comerciante. Pero si él mismo se avergüenza de su profesión, si abandona su mostrador por andar corriendo antesalas, eso ya es otra cosa... y cuando dices necedades como palaciego, ¡maldito si puedo apreciarte como comerciante!

Berton ¡Magnífico, señora Burkenstaf! ¡Brava arenga! Desde que la señora condesa Estruansé gobierna a su marido, cada mujer del reino se cree con derecho a gobernar el suyo... Y vos, que tanto despreciáis la corte, pudierais dejar de imitar sus usos.

Marta ¡Vaya, vaya! olvida a la corte, como ella te tiene olvidado a ti, y acuérdate más de lo que te rodea. ¿Estás ya cansado de ser feliz? ¿No tienes un comercio que prospera, amigos que te estiman, una mujer que te reconviene, pero que te ama, un hijo que todo el mundo nos envidiaría, que es nuestro orgullo, nuestra gloria, nuestro porvenir?

Berton ¡Ah! Si tomas ahora ese capítulo por tu cuenta...

Marta Sí, señor... esa es mi ambición, mi asunto de estado... no me importa lo que pasa en casa del vecino. ¿Qué se me da a mí de que el rey tenga un favorito, o de que no le tenga; que mande este o aquel otro ambicioso? Lo que importa saber es si mi casa está arreglada, si mi marido está bueno, si mi hijo es feliz; yo no pienso más que en vosotros y en vuestro bienestar; ese es mi deber. Cumpla cada uno con el suyo... y como dice el refrán: Zapatero, a tus zapatos... ¡eso es!

Berton   (Impaciente.) ¿Y quién te dice lo contrario?

Marta   Tú, que a cada momento me haces temblar por nuestra tranquilidad, siempre metido en discusiones políticas con todos los que a la tienda concurren, hablando de todo lo que se hace y de lo que se deja por hacer; tú, a quien tus ideas de ambición han hecho descuidar el trato de nuestros mejores amigos de Michelson, por ejemplo, que te ha convidado tantas veces inútilmente a ir a pasar unos días con él al campo.

Berton   ¿Y qué quieres? ¡Michelson! ¡Michelson! un mercader de paños que no es nadie en el estado... porque, al fin, vamos a ver, ¿qué es?

Marta   Es nuestro amigo; pero ¡ya se ve! tú necesitas grandeza, brillo, oropel. Por esa loca ambición no quisiste que se quedase nuestro hijo con nosotros, donde hubiera estado perfectamente, sino que te empeñaste en que había de entrar en la secretaría de un gran señor, de donde no ha sacado más que disgustos, que tiene todavía la delicadeza de ocultarnos.

Berton   ¡Cómo! ¿es posible? ¡mi hijo! ¡mi hijo único es desgraciado!

Marta   ¿Y no lo has echado de ver? ¿ni siquiera lo has sospechado?

Berton   Esos son asuntos domésticos... ¡yo no me meto en eso! ¿para qué estás tú aquí? ¡Yo estoy siempre abrumado de negocios!... ¿Y qué quiere? ¿qué necesita? ¿Dinero? Pregúntale cuánto... o más bien... toma... ahí tienes la llave de la caja: dásela.

Marta   Silencio ¡aquí está!

Escena III

Marta, Eduardo, Bretón

Eduardo   ¡Ah! ¿estáis aquí, padre mío?... temía que hubieseis salido. Hay alguna agitación en la ciudad.

Berton   Eso dicen; pero todavía no sé de qué se trata, porque tu madre no me ha dejado salir. Cuéntame, cuéntame.

Eduardo   No es nada, absolutamente nada; pero hay ocasiones y momentos en que es bueno manejarse con prudencia, aún sin motivos fundados. Sois el negociante más rico del barrio; tenéis alguna influencia; y no os mordéis la lengua para hablar del favorito y de su mujer. Esta mañana en palacio, sin ir más lejos...

Marta   ¿Es posible?

Eduardo   Puede llegar a sus oídos...

Berton   ¿Y qué me importa? A nadie tengo miedo; no soy un hombre oscuro y desconocido, y no se atreverán a proceder contra Berton Burkenstaf del Sol de Oro. Aunque quisieran, no podrían.

Eduardo   (A media voz.) Acaso os equivoquéis, padre mío; ¿y si se atrevieran?

Berton   (Espantado.) ¡Eh! ¿qué dices?... no es posible.

Marta	Ya me lo figuraba yo: ahora mismo se lo estaba diciendo. ¡Dios mío! ¡Dios mío! ¿qué será de nosotros?
Eduardo	Tranquilizaos, madre mía; no os asustéis.
Berton	(Temblando.) Ya se ve; nos vienen con esos terrores... ese miedo os hace perder la cabeza, os perturba, no sabe uno lo que se hace... y precisamente en una coyuntura en que necesita uno toda su serenidad... Vamos a ver... ¿y quién te ha dicho?... ¿Por dónde lo sabes?
Eduardo	Lo sé de buena tinta: por una persona que está desgraciadamente muy bien informada, y cuyo nombre no puedo deciros; pero podéis creerme.
Berton	Te creo, hijo mío; y guiándonos por los datos positivos que acabas de darme, ¿qué debo hacer?
Eduardo	La orden no está firmada todavía, pero puede estarlo de un momento a otro, y lo más sencillo, lo más prudente, es abandonar quedito vuestra casa, y manteneros escondido por espacio de algunos días...
Marta	¿Y dónde?
Eduardo	Fuera de la ciudad, en casa de algún amigo.
Berton	(Con viveza.) En casa de Michelson, el mercader de paños... allí no me irán a buscar... es un excelente hombre, que no se mete con nadie... que solo se ocupa en su comercio...

Marta	¡Hola! ¡ya veis que alguna vez es bueno ocuparse uno en su comercio!
Eduardo	¡Madre mía!
Marta	Tienes razón; pensemos solo en ponerlo en salvo.
Eduardo	Hasta ahora no hay peligro, ¡pero no importa! Os acompañaré, padre mío.
Berton	No, mejor será que te quedes, porque al fin, cuando vengan y no me encuentren, si hubiese alborotos y tumulto, tú impondrías algún respeto a esas gentes, cuidarías de nuestros almacenes, y tranquilizarías a tu madre, a, quien veo ya llena de miedo.
Marta	Sí, hijo mío, quédate..
Eduardo	Como gustéis. (Viendo a Juan, que baja la escalera.) Así como así, Juan puede acompañar a mi padre hasta la casa de campo de Michelson. Juan, vas a salir.
Juan	¿De veras? ¡qué bueno! ¿la señora lo permite?
Marta	Sí, saldrás con tu amo.
Juan	Sí, señora.
Eduardo	Y no te separarás de él.
Juan	No, señor.
Berton	Sobre todo prudencia; pocas habladurías; poca, curiosidad.

Juan	Sí, señor; ¿hay algo, pues?
Berton	(A media voz a Juan.) La corte y el ministerio están echando chispas contra mí, quieren prenderme, encerrarme... ¿y quién sabe?...
Juan	¡Oiga! ¡Eso ver! Buen ruido quisiera yo se armaría en todo el barrio; ya me veríais a mí, amo; ¡veríais qué zalagarda! me oirían los sordos.
Berton	Silencio, Juan; eres demasiado vivo.
Marta	Eres un buscarruidos.
Eduardo	Felizmente tus buenos deseos serán inútiles, porque no habrá nada.
Juan	(Aparte tristemente.) (No habrá nada... Tanto peor... ¡yo que esperaba ya ruido y vidrios rotos!)
Berton	(Que entretanto ha abrazado a su mujer y a su hijo.) Adiós... adiós... (Vase con Juan por el foro: Marta y Eduardo le acompañan hasta la puerta, y quedan mirándolos hasta perderlos de vista.)

Escena IV

Marta, Eduardo

Marta	¿Me das palabra de que le volveremos a ver dentro de dos días?

Eduardo	¿Quién lo duda? Hay una persona que se digna interesarse por nosotros, y que empleará todo su favor en hacer que cesen las pesquisas, y en devolvernos a mi padre. Lo creo al menos así.
Marta	¡Qué feliz seré entonces! ¡cuando nos hallemos todos reunidos, cuando nada pueda separarnos ya! Pero y tú... ¿qué tienes? ¿De qué procede ese aire tan triste y esas miradas?
Eduardo	(Cortado.) Temo que no se realicen vuestros deseos; por lo que toca a mí... acaso me vea pronto precisado a separarme de vos por mucho tiempo.
Marta	¿Qué dices?
Eduardo	(Con más resolución.) Yo hubiera querido no deciros una palabra... pero estas circunstancias... y por otra parte marchar sin daros un abrazo... ¡oh! imposible; no me hubiera determinado jamás.
Marta	¿Marchar? ¿Y lo escucho? ¿Y por qué?
Eduardo	Quiero ser militar; he pedido una charretera.
Marta	¡Tú, Dios mío! ¿Qué te he hecho yo para que huyas de esta suerte de mí, para que abandones el hogar paterno? ¿Te hemos hecho por ventura desgraciado? ¿Te hemos dado algún disgusto? Perdónanosle, hijo mío; habrá sido sin querer... y yo repararé todas nuestras faltas...

Eduardo	¡Vuestras faltas! ¿vos, señora, la mejor y la más cariñosa de las madres?... No, solo acuso a mi suerte... Pero no puedo permanecer en Copenhague.
Marta	¿Pero por qué? ¿Hay algún sitio en el mundo donde seas más amado que aquí? ¿Qué te falta? ¿Quieres brillar en el mundo? ¿Quieres eclipsar a los más ricos señores? Podemos, podemos... (Dándole la llave.) Toma, dispón de nuestras riquezas, tu padre lo consiente; yo te lo suplico y yo te lo agradeceré, porque para ti y solo para ti trabajamos y atesoramos; esta casa, esos almacenes, todo es tuyo... ¡absolutamente tuyo!
Eduardo	Basta, señora, basta: no los quiero, no los necesito; no soy digno de vuestros beneficios. ¡Si os dijese que estoy a punto de despreciar esos mismos bienes, fruto de vuestro trabajo, y que esa misma profesión que ejercéis con tanto honor y probidad, y que en otro tiempo me envanecía, es hoy la causa de mi tormento y de mi desesperación, es lo que se opone a mi felicidad, a mi venganza, a todas las pasiones violentas, en fin, que abriga en este momento mi corazón!...
Marta	¡Qué dices!
Eduardo	Sí, os lo diré todo; este secreto es una carga demasiado pesada. Por otra parte, ¿a quién pudiera uno confiar sus penas mejor que a una madre? Fijando vuestra felicidad en un hijo que os ha dado tantos disgustos, le habéis criado con demasiado esmero, acaso...
Marta	¡Como un señor, como un príncipe! y si hubiera habido otra educación mejor, más cara, esa hubieras recibido...

Eduardo	No habéis querido que permaneciese en ese mostrador, que era mi puesto...
Marta	No yo, sino tu padre; él te hizo secretario privado del conde de Falklend.
Eduardo	Por mi desgracia: admitido en su casa con intimidad, pasando los días enteros al lado de Carolina, su hija única, se me ofrecían mil ocasiones de verla, de oírla, de contemplar sus hermosas facciones, que son el más pequeño de sus encantos... ¡Ah, si hubierais podido apreciarla en su justo valor como yo todos los días, si la hubierais visto tan seductora a la vez por su talento y por su gracia, tan sencilla y tan modesta, que ella sola parecía ignorar su mérito, un alma tan noble, un carácter tan generoso!... ¡Ah, si la hubierais conocido, madre mía, hubierais hecho lo que yo! ¡la hubierais adorado!
Marta	¡Cielos!
Eduardo	Sí; dos años hace que este amor es mi tormento y mi felicidad, mi existencia. Y no creáis que, desconociendo mis deberes y los derechos de hospitalidad, le he descubierto mi corazón, ni me ha pasado nunca por la imaginación declararle un amor que hubiera querido ocultarme a mí mismo... No... hubiera sido entonces indigno de amarla... Pero ese secreto, que ella sin duda no sospecha, y que ignorará mientras viva, otros ojos más perspicaces deben haberle adivinado; su padre debe haber comprendido mi turbación, porque al verla todo lo olvidaba: ¡cuán feliz era! ¡Ah, y esta felicidad se ha concluido para siempre!... Ya sabéis cómo el conde me ha despedido sin manifestarme los motivos de mi

desdicha, cómo me ha arrojado de su casa, y que desde este día no ha vuelto a haber para mí ni tranquilidad, ni gozo, ni alegría.

Marta

Es verdad.

Eduardo

Pero lo que no sabéis es que todas las tardes, todas las mañanas yo vagaba alrededor de los jardines para ver más de cerca a Carolina, o más bien las ventanas de su habitación; uno de estos días no sé qué especie de delirio se había apoderado de mí... mi razón me abandonó, y, sin saber lo que me hacía, penetré en el jardín.

Marta

¡Qué imprudencia!

Eduardo

Cierto, madre mía, porque yo no debía verla... y a no ser por esa, la última gota de mi sangre... pero tranquilizaos; eran las once de la noche; nadie me había visto, nadie, sino un fatuo que, seguido de dos criados, cruzaba por una calle para volverse a su casa. Era el barón Federico de Geler, sobrino del ministro de Marina, que todas las noches, según parece, venía a hacer valer su... Sí, madre mía, es su prometido, el que se va a casar con ella... Yo no lo sabía entonces, pero lo adivinaba por la antipatía que hacia él experimentaba: así que, cuando él me gritó con tono insolente y altanero: «¿Adónde vais? ¿quién sois?» la insolencia de mi respuesta igualó la de la pregunta, y entonces... este recuerdo no se borrará jamás de mi memoria... mandó a uno de sus criados que me echase de allí; y uno de ellos efectivamente levantó la mano, sí, madre mía, y me ultrajó: no dos veces, no, porque a la primera estaba ya tendido a mis pies, pero me había ultrajado; y cuando corrí a su amo, cuando le pedí una satisfacción... «Bien —me dijo— ¿quién sois?»

	Díjele mi nombre. «¡Burkenstaf! —exclamó con desprecio—, yo no me bato con el hijo de un tendero. Si fueseis noble u oficial no digo que no.»
Marta	(Espantada.) ¡Dios mío!
Eduardo	Noble no puedo serlo, ¡es imposible! Pero oficial...
Marta	(Con viveza.) No lo serás; no conseguirás ese grado, a que no tienes derecho alguno; no, no le tienes... El puesto que debes ocupar está en esta casa, al lado de tu madre, que lo pierde todo en un solo día; ya estás como tu padre, prontos los dos a abandonarme, a exponer vuestra vida, ¿y por qué? porque no sabéis ser felices, porque vivís de ambición, porque os comparáis con los que son más que vosotros. Yo no pido nada a los poderosos, ni a los señores, ni a sus hijas... no quiero más que mi marido y mi hijo... pero los quiero absolutamente, porque son míos... (Abrazándole.) porque me pertenecen... porque son toda mi felicidad, y nadie me la quitará.

Escena V

Marta, Juan, Eduardo

Juan	(Con alegría, mirando a la calle.) ¡Eso es! ¡soberbio!... así, así...
Eduardo	¿Cómo? ¿de vuelta ya?... ¿está ya mi padre en casa de Michelson?
Juan	(Alegremente.) Mejor que eso.

Marta	(Impaciente.) ¿Está salvo por fin?
Juan	(Con aire de triunfo.) Lo han preso.
Marta	¡Cielos!
Juan	¡Toma! ¡no os asustéis! Va bien; ¡la cosa va perfectamente!
Eduardo	(Con ira.) ¿Te explicarás por fin?
Juan	Cruzábamos la calle de Stralsund, cuando hétenos cara a cara dos soldados de guardias que nos observan... nos siguen; encarándose luego con vuestro padre: «Señor Burkenstaf —le dice uno de ellos con mucha cortesía— en nombre de su excelencia el señor conde de Estruansé, os intimo que vengáis con nosotros; desea hablaros...».
Eduardo	¿Y qué?
Juan	Viendo sus buenos modos, vuestro padre les responde: «Estoy pronto, señores, a seguiros» y todo esto había pasado con tanta tranquilidad, que nadie en la calle lo había echado de ver; pero yo... ¡para el tonto que creyera!... plántome en el arroyo, y póngome a gritar como un desesperado... «¡Socorro, socorro, amigos!... que prenden a mi amo... Berton Burkenstaf.. ¡a ellos, a ellos!»
Eduardo	¡Imprudente!
Juan	¡Ca! No, señor; había yo visto un grupo de trabajadores y artesanos que iban a su trabajo... me oyen, y acuden a mi voz; al verlos correr, las mujeres y los muchachos

corren también, y los que van por la calle hacen otro tanto; unos por interés, otros por curiosidad... En un momento se arma un tumulto... Se obstruye la calle... los coches se detienen... los tenderos salen a las puertas, y los vecinos se asoman a las ventanas... Entretanto ya habían rodeado los artesanos a los soldados, y, libre ya vuestro padre, se lo llevaban en triunfo, seguidos, por supuesto, de la multitud, que se aumentaba por instantes; pero al pasar por la calle de Altona, donde están nuestros talleres, allí habíais de haber visto, ¡qué algazara! había corrido ya la voz de que habían querido asesinar a nuestro amo, y que había habido una pelea encarnizada con la tropa; la fábrica entera se levantó, y el barrio con ella, y todos corren en tropel al palacio gritando que da gozo: «¡Viva Burkenstaf! que nos le vuelvan».

Eduardo   ¡Qué locura!

Marta   ¡Y qué desgracia!

Eduardo   De un negocio insignificante por sí han hecho un asunto de estado, que va a comprometer a mi padre y a justificar las medidas que se tomaban contra él.

Juan   ¡Ba! No tengáis cuidado: no hay nada ya que temer: los demás barrios se han alborotado también. Ya están rompiendo por todas partes los faroles y los vidrios de las casas grandes. Va bien; eso es lo más divertido del mundo. No se hace daño a nadie; ¡pero en encontrando gente de palacio les tiran piedras y lodos a ellos y a sus coches! eso es excelente, porque limpia las calles... A propósito... ¿oís los gritos? ¿Veis aquel coche que han

	detenido enfrente de nuestro almacén, y que tratan de derribar?
Eduardo	¿Qué veo? las armas del conde de Falklend. ¡Si fuese! (Se precipita en la calle.)

Escena VI

Juan, Marta

Marta	(Tratando de detener a Eduardo.) ¡Hijo mío! ¡Eduardo! ¡Se va a exponer!
Juan	Dejadle, señora... ¡exponerse él! ¿el hijo de nuestro amo? no corre ningún riesgo... a nada se expone, sino a que lo lleven al triunfo... (Mirando al foro.) ¿Lo veis desde aquí cómo habla con aquellos que rodean el coche...? a todos los conozco... ¡Ah! se apartan, se alejan.
Marta	Felizmente. Pero, ¿y mi marido? quiero saber qué es de él... corro a buscarle.
Juan	(Queriendo detenerla.) ¿Qué vais a hacer?
Marta	(Empujándole y precipitándose en la calle.) Déjame, te digo... quiero... quiero buscarle.
Juan	Imposible detenerla (Llamando a Eduardo.) ¡Señor Eduardo! (Mirando.) ¡Oiga! ¿qué diablos está haciendo ahora?... Ayudar a bajar del coche a una señorita, muy linda por cierto... y muy elegante. ¡Vaya! ¡Pardiez! ¡a que está desmayada! ¿Toma, no lo dije? (Viniendo hacia la escena.) ¡Pobrecilla! ¡Pues no ha tenido miedo!

Eduardo	(Entrando con Carolina en sus brazos desmayada la sienta en un sillón.) Agua, madre mía, agua.
Juan	Acaba de salir para saber de nuestro amo.
Eduardo	Ya vuelve... ¿Qué haces ahí tú? vete.
Juan	¡Miren qué pedrada! no deseo yo otra cosa. Voy a unirme con la turba y a gritar como los demás. (Vase.)

Escena VII

Carolina, Eduardo

Carolina	(Volviendo.) Esos gritos, esas amenazas, esa muchedumbre furiosa que me rodea... ¿Qué daño les he hecho yo?... ¿dónde estoy?
Eduardo	(Con timidez.) Estáis segura; no temáis nada.
Carolina	(Conmovida.) Esa voz... (Volviéndose.) ¡Eduardo! ¿Sois vos?
Eduardo	Si, soy yo, que os vuelvo a ver, y el más feliz de los hombres porque he podido defenderos, protegeros y daros asilo.
Carolina	¿En dónde?
Eduardo	En mi casa; en casa de mi padre; perdonad si os recibo en este sitio indigno de vos; estos almacenes, este mostrador, tan distintos de los brillantes salones de vuestro

	padre... pero nosotros no somos nadie; no somos más que unos comerciantes.
Carolina	Eso sería ya por sí solo un título a la consideración de todo el mundo; pero para conmigo y con mi padre tenéis otros, Eduardo, y el favor que acabáis de hacerme...
Eduardo	¿Favor? ¡Ah! no pronunciéis esa palabra...
Carolina	(Siempre sentada.) ¿Y por qué?
Eduardo	Porque va a imponerme silencio de nuevo, porque me encadena otra vez con lazos que quiero por fin romper. Sí; mientras fui bien recibido por vuestro padre, mientras que me acogió bajo su techo hospitalario, hubiera creído faltar a la probidad, al honor, a todos mis deberes, descubriendo un secreto de cuyo peso me alivian hoy sus ultrajes; nada le debo ya... estamos pagados; y antes de morir quiero hablar, quiero, aunque hayáis de abrumarme con vuestro desprecio y vuestra indignación, que sepáis por fin cuánto he padecido, y cuánto dolor, cuánta desesperación abriga mi pecho...
Carolina	(Levantándose.) ¡Eduardo! ¡por Dios!
Eduardo	Sí, ¡lo sabréis!
Carolina	¡Ah, desgraciado! ¿Creéis por ventura que lo ignoro?
Eduardo	(Con entusiasmo.) ¡Carolina!
Carolina	(Asustada.) ¡Silencio! ¡Silencio! ¿Creéis vos mi corazón tan poco generoso que no haya comprendido la generosidad del vuestro, que no haya sabido agradecer

	vuestros sacrificios, y sobre todo vuestro silencio? (Movimiento de alegría de Eduardo.) Sea hoy la última vez que os atreváis a romperle; desde mañana estoy destinada a otro; mi padre lo exige, y sumisa siempre a mis deberes...
Eduardo	Vuestros deberes...
Carolina	Sí; sé lo que debo a mi familia, a mi cuna, a esas distinciones que acaso no hubiera yo deseado, pero que el cielo me ha impuesto, y de que sabré hacerme digna. (Acercándose a Eduardo.) Y vos, Eduardo (Con timidez.) no me atrevo a decir amigo mío, no os abandonéis a la desesperación en que os veo; conoced que la deshonra y el honor no penden del rango que uno ocupa, sino del modo con que se desempeñan los deberes, y haréis lo que yo... y podréis soportar el vuestro con valor y resignación. Adiós para siempre; mañana seré mujer del barón de Geler.
Eduardo	No, no; mientras yo viva, yo os juro aquí... ¡Cielos! alguien viene...

Escena VIII

Carolina, Eduardo, Rantzau, Marta

Marta	(A Rantzau.) Si buscáis a mi hijo, aquí le tenéis. (Imposible averiguar nada. Es una confusión.)
Carolina	(Viéndolos.) ¡Cielos!
Marta y Rantzau	(Saludando.) ¡La señorita de Falklend!

Eduardo	(Con viveza.) A quien hemos tenido la dicha de ofrecer un asilo, porque su coche había sido detenido.
Rantzau	¿Y bien? no parece sino que os queréis disculpar de una acción que os honra.
Eduardo	(Turbado.) ¿Yo, señor conde?
Marta	(¡Conde! ¡Vaya! esto es hecho, nuestra tienda es el punto de reunión de todos los señores.)
Rantzau	(Que ha echado una mirada penetrante a Carolina y Eduardo que bajan los ojos.) Bien; muy bien. Una joven libertada por un caballero galante... novelas he leído que empezaban así.
Eduardo	(Tratando de mudar de conversación.) Pero vos, señor conde, paréceme que no andáis muy prudente en salir a pie por las calles.
Rantzau	¿Por qué? Precisamente ahora las gentes de a pie son potencias; ellas son las que salpican a los que van en alto: por otra parte, no tengo más que una palabra; os había prometido traeros vuestros despachos de paso que venía a hacer algunas compras. (Sacándolos del bolsillo y dándoselos.) Aquí tenéis.
Eduardo	¡Qué fortuna! ¡soy oficial!
Marta	Esto es hecho... ¡infeliz de mí! ¡Con razón desconfiaba yo de este hombre!
Rantzau	(Volviéndose hacia ella.) Señora, os felicito por el favor y la popularidad de que gozáis en este momento.

Marta	¿Qué me queréis decir con eso?
Rantzau	¿Pues qué ignoráis lo que pasa?
Marta	Vengo de nuestros talleres, donde no ha quedado un alma.
Rantzau	Todos están en la plaza: vuestro marido se ha hecho el ídolo del pueblo. Por todas partes se ven banderas y letreros en que resaltan estas palabras: «¡Viva Burkenstaf, nuestro jefe! ¡Burkenstaf para siempre!». ¡Su nombre es un grito de reunión!
Marta	¡Desdichado!
Rantzau	Las oleadas tumultuosas de sus parciales rodean el palacio y gritan de corazón: «¡Muera Estruansé!». (Sonriéndose.) Hasta los hay que gritan: «¡Mueran los miembros de la regencia!».
Eduardo	¡Santo Dios! ¿Y no teméis...?
Rantzau	¡Bah! Nada; me paseo incógnito, como simple aficionado por otra parte, al menor peligro me ampararía con vuestro nombre.
Eduardo	(Con viveza.) Y no en balde; yo os lo juro. (Cogiéndole una mano.) Cuento con ello.
Marta	(Yendo hacia el foro.) ¡Dios mío! ¿no oís ese ruido?

Rantzau	(Tomando la derecha.) (¡Magnífico! Esto marcha. Si sigue así, no tendrá uno necesidad de meterse en nada.)

Escena IX
Carolina, Eduardo, Juan, Marta, Rantzau

Juan	(Sin aliento.) ¡Victoria! ¡Victoria! ¡Es nuestro!
Marta, Eduardo y Rantzau	Habla: ¿qué? acaba.
Juan	No puedo más; cuidado si he gritado. Estábamos en la plaza mayor, delante del palacio, debajo de los balcones... tres o cuatro mil éramos lo menos, gritando: «Burkenstaf, Burkenstaf; que se revoque la orden que le condena; Burkenstaf». Entonces Estruansé se deja ver en el balcón, y a su lado la condesa vestida de gran gala. Vaya si estaba bien. Terciopelo azul... buena figura... ¡hermosa voz! Fue a hablar, y todo el mundo calló. «Amigos míos, dice, nos han engañado; revoco toda especie de arresto, y os prometo en nombre del rey y en nombre mío que Burkenstaf es libre y no tiene por qué temer.»
Marta	¡Respiro!
Carolina	¡Qué fortuna!
Eduardo	¡Todo se ha salvado!
Rantzau	(¡Todo se ha perdido!)

Juan	Entonces fue ella. «¡Viva el primer ministro! gritamos todos; ¡viva la condesa! ¡viva Burkenstaf!» Y cuando yo dije a los que estaban a mi lado, y a todo eso: «Yo soy el que soy, Juan, el mismo Juan, el Juan mancebo de su almacén». «¡Viva Juan!» gritaron también, y me rompieron todo el vestido, cogiéndome en volandas para enseñarme a la muchedumbre. Tira por aquí, tira por allí... ¡añicos! Y esto no es nada todavía; ahora se están organizando, van a venir con sus jefes a la cabeza para cumplimentar a nuestro amo y llevársele por ahí en triunfo a las casas capitulares.
Marta	(¡En triunfo! ¡Va a perder la cabeza!)
Rantzau	(¡Qué lástima! ¡un motín que empezaba tan bien!... ¿en quién puede uno confiar ahora?)

Escena X
Carolina, Eduardo, en el fondo; Berton y varios notables que le rodean, Marta, Juan, Rantzau

Berton	(Recogiendo varios memoriales.) Bien, amigos míos, bien; presentaré vuestras reclamaciones al ministro y al gobierno; preciso será que hagan justicia... Además yo estaré en todo... hablaré, hablaré. En cuanto al triunfo que el pueblo me prepara, y que mi modestia me aconseja rehusar...
Marta	(¡Eso es otra cosa!)
Berton	Lo acepto, por el bien público, y en atención al buen efecto. Aquí esperaré la comitiva, que puede venir por mi cuando guste. Por lo que hace a vosotros, queridos colegas y notables de nuestro gremio, espero que de

	vuelta del triunfo vendréis a cenar a mi casa; os convido a todos.
Todos	(Gritando al salir.) ¡Viva Burkenstaf! ¡Viva nuestro jefe!
Berton	¡Nuestro jefe! ¡ya lo oís! ¡qué honra!... (A Eduardo.) ¡Qué gloria, hijo mío, para nuestra casa! (A Marta.) Y bien, mujer, ¿qué te decía yo? Soy una potencia, un poder del estado. Nada hay igual a mi popularidad, y ya ves el partido que puedo sacar de ella.
Marta	Sí; sacarás una enfermedad; descansa, sosiega; ¡estás sofocado!
Berton	(Limpiándose la frente.) ¿Qué? no. La gloria no cansa nunca. ¡Qué hermoso día! ¡Hombre! Todo el mundo se inclina delante de mí, todos se dirigen a mí, todos me hacen la corte. (Viendo a Carolina y Rantzau, que están junto al mostrador a la izquierda y que Eduardo le ocultaba.) ¿Qué veo? ¡La señorita de Falklend y el conde de Rantzau en mi casa! (A Rantzau con énfasis y protección.) ¿Qué hay, señor conde? ¿En qué puedo serviros? ¿Qué venís a pedirme?
Rantzau	(Fríamente.) Quince varas de terciopelo.
Berton	(Cortado.) ¡Ah! era eso... perdonad, pero si es cosa del comercio no puedo... si fuese otra cosa... (Llamando.) ¡Marta! bien conocéis que en el momento de mi triunfo... ¡Marta! sube al almacén y sirve al señor conde.
Rantzau	(Dando un papel a Marta.) He aquí mi nota.

Berton	(Gritando a su mujer, que sube ya la escalera.) Y después pensarás en la cena; una cena digna de nuestra nueva posición; ¡buen vino! ¿estamos? (Señalando a la puerta que está debajo de la escalera.) El vino del sótano.
Marta	(Subiendo la escalera.) ¿Acaso tengo yo tiempo para hacerlo todo?
Berton	¡Vaya! No te incomodes: (A Rantzau.) Tendré que ir yo mismo en persona. (Marta acaba de subir la escalera y desaparece.) Mil perdones, señor conde; ya lo veis, tengo tantas cosas sobre mí, tantos cuidados... (A Carolina con tono protector.) Señorita, he sabido por Juan, mi mancebo de... (Reteniéndose.) mi dependiente... la falta de respeto cometida con vos y con vuestro coche; podéis estar segura de que yo ignoraba... ¡ya se ve! yo no puedo estar en todas partes... (Con tono de importancia.) de otra suerte hubiera interpuesto mi autoridad; os doy palabra de manifestar públicamente cuánto ha sido mi desagrado, y quiero empezar...
Rantzau	Por hacer llevar esta señorita a casa de su padre.
Berton	Eso es precisamente lo que yo iba a decir... me hacéis pensar en ello... Juan, a ver, que devuelvan su coche a esta señorita. Y diréis que lo mando yo, Berton de Burkenstaf; y para escoltar a esta señorita...
Eduardo	(Con viveza.) Yo me encargo de eso, padre mío...

Berton	¡Enhorabuena! (A Eduardo.) Si os sucediese algo, si os quisiesen detener, dirás: Soy Eduardo Burkenstaf, hijo del señor...
Juan	Berton Burkenstaf; ya se sabe.
Rantzau	(Saludando a Carolina.) Señorita... adiós, amigo mío. (Eduardo ofrece la mano a Carolina, y sale con ella seguido de Juan.)

Escena XI

Rantzau Berton. (Rantzau se ha sentado junto al mostrador, y Berton al otro lado.)

Berton	Os hacen esperar; me es muy sensible.
Rantzau	A mí no... con eso estoy más tiempo en vuestra compañía: siempre gusta uno ver de cerca a los personajes célebres.
Berton	¡Célebre! sois muy amable. Ello, es cosa inconcebible; esta mañana nadie se acordaba de semejante cosa, ni yo tampoco... ¡yo mismo!... todo ha venido en un instante.
Rantzau	Esas cosas vienen siempre con esa prisa... (Y con la misma se van.) (Alto.) Solo siento que esto se haya acabado tan pronto.
Berton	¡Oh! pero esto no está acabado. Ya lo habéis oído... van a venir por mí para llevarme por ahí en triunfo. Perdonad; voy a vestirme; si los hiciese esperar, se

	impacientarían con razón; creerían que el gobierno me había hecho desaparecer.
Rantzau	(Sonriéndose.) Cierto; y la jarana volvería a empezar.
Berton	Ni más ni menos; ¡ya se ve! ¡me quieren tanto! así es que esta noche, esa cena que doy a los notables será, me parece, de un efecto seguro; porque en un banquete se bebe... y...
Rantzau	Se animan todos.
Berton	Se echan brindis a Burkenstaf, al jefe del pueblo, como me llaman... ya entendéis. Adiós, señor conde.
Rantzau	(Sonriéndose y llamándole.) Un instante; para beber a vuestra salud es menester vino, y eso que le decíais a vuestra mujer hace poco...
Berton	(Dándose una palmada en la frente.) Es verdad; se me olvidaba. (Pasa detrás de Rantzau y detrás del mostrador, y señala la puerta que está debajo de la escalera.) Ahí tengo un sótano soberbio, donde conservo mis vinos del Rin y de Francia. Mi mujer y yo somos los únicos que tenemos la llave.
Rantzau	(A Berton, que abre la puerta.) Precaución muy prudente. Al principio creí que teníais ahí vuestro tesoro.
Berton	No; y eso que estaría seguro. (Golpeando la puerta.) Seis pulgadas de grueso y forrada en hierro. (Yendo a entrar.) Con vuestro permiso, señor conde.

Rantzau	Vos le tenéis... yo subo al almacén. (Berton baja al sótano; Rantzau se acerca a la puerta, la cierra y vuelve a la Escena tranquilamente, diciendo): Un hombre como este es un tesoro, y los tesoros... (Enseñando la llave.) deben estar siempre bajo llave. (Sube la escalera que conduce al almacén y desaparece.)

Escena XII

Juan, y después Marta, mozos, y pueblo

Juan	(Dejándose ver en el fondo, a la puerta, mientras que el conde sube la escalera.) Aquí están, aquí están, es cosa vistosa; una comitiva asombrosa: los jefes de los gremios con sus estandartes y músicas y... (Se oye una marcha triunfal, y se descubre la cabeza de la comitiva, que se coloca en el fondo del teatro, en la calle, fuera de la tienda.) ¿Dónde diablos está nuestro amo? arriba sin duda. (Corriendo hacia la escalera.) ¡Señor Berton, señor! que vienen ya a buscaros; ¿me oís?
Marta	(Apareciendo en la escalera con dos mancebos de tienda.) ¿Qué tienes tú, qué gritas?
Juan	Grito porque busco a nuestro amo.
Marta	Abajo está.
Juan	Está arriba.
Marta	Te digo que no.
El pueblo	(Fuera.) ¡Viva Burkenstaf! ¡viva nuestro jefe!

Juan	¡Voto va! y no está aquí... y van a gritar sin él... (A los dos mancebos de tienda que han bajado.) A ver vosotros si registráis toda la casa. (Van entrando algunos del pueblo. Marta baja.)
El pueblo	(De fuera.) ¡Viva Burkenstaf! ¡Que salga! ¡que salga!
Juan	(En altas voces a la puerta de la tienda.) Ahora, ahora; han ido a buscarle; os le van a enseñar. (Recorriendo el teatro.) Esto me hará perder la cabeza... la sangre me hierve en las venas.
Varios mozos	(Entrando por la derecha.) Yo no le he encontrado.
Otros	(Bajando de los almacenes.) Ni yo tampoco; no está en casa.
El pueblo	(Fuera con sordo murmullo.) ¡Burkenstaf! ¡Burkenstaf!
Juan	¡Voto va! ya se impacientan; ya murmuran. ¿Dónde diablos puede estar?
Marta	¡Dios mío! ¿Le habrán preso de nuevo?
Juan	¿Qué? ¿después de la palabra que nos han dado? (Dándose una palmada en la frente.) ¡Ah! Dejadme... aquellos soldados que yo he visto rondando la casa... (Corriendo hacia el foro.) Y la música tocando siempre. ¡Silencio! ¡silencio! ¡callad! me ocurre una idea... ¡es horroroso!... ¡es una infamia!
Marta	¿Qué diablos tienes?

Juan	(Dirigiéndose a un grupo.) Sí, amigos míos, sí, se han apoderado de nuestro amo... han asegurado su persona, y mientras que nos estaban echando buenas palabras lo estaban prendiendo por otra parte; ¡está preso otra vez! ¡Favor, los amigos, favor!
El pueblo	(Precipitándose en la tienda y rompiendo los vidrios el fondo.) ¡Aquí estamos! ¡viva Burkenstaf, nuestro jefe... nuestro amigo!
Marta	¡Vuestro amigo, y le destrozáis la casa!
Juan	¿Y qué? sí, señora; eso es entusiasmo, y vidrios rotos. ¡Al palacio! ¡Al palacio!
Todos	¡Al palacio! ¡Al palacio!
Rantzau	(Dejándose ver en lo alto de la escalera, y mirando cuanto pasa.) ¡Ah! ¡ah! esto ya es otra cosa... esto empieza a animarse otra vez.
Todos	(Agitando en el aire sombreros, pañuelos y sus banderas.) ¡Muera Estruansé! ¡Viva Burkenstaf! ¡que nos le vuelvan! ¡que nos le vuelvan! ¡Burkenstaf para siempre! (Todo el pueblo sale en el mayor desorden con Juan. Marta cae desesperada sobre el sillón que está junto al mostrador y Rantzau baja lentamente la escalera, estregándose las manos de gozo. Cae el telón.)

Acto III

Habitación del palacio del conde de Falklend. A la izquierda un balcón sobre la calle. Puerta en el foro; dos laterales. A la izquierda en primer término una mesa, libros, recado de escribir.

Escena I

Carolina, El barón de Geler

Carolina	Pero, señor barón, ¿qué significa eso? ¿qué hay de nuevo?
Geler	Nada, señorita.
Carolina	El conde Estruansé acaba de encerrarse en el gabinete de mi padre: han enviado a buscar al conde de Rantzau. ¿A qué asunto esa reunión extraordinaria? Esta mañana ha habido ya consejo, y luego estos señores se habían de reunir para comer.
Geler	No sé; pero no ocurre nada importante, nada serio... ¡Oh! ¡me hubiesen avisado! mi nuevo destino de secretario del consejo me obliga a asistir a todas las deliberaciones...
Carolina	¡Ah! Por fin os nombraron.
Geler	Esta mañana. Vuestro padre me propuso, y el conde confirmó la elección. De la corte vengo ahora de ver a la condesa... por allí estaban un poco consternados por la algazara de esa gente... se temía todavía que esos acontecimientos trastornasen el baile de mañana; pero a Dios gracias, no hay nada que temer; y aun me han

	ocurrido sobre el particular cuatro chanzas bastante felices que lograron la aprobación de la condesa, y que las rió con la mayor amabilidad.
Carolina	¡Ah! ¡las rió!
Geler	Mucho: al mismo tiempo me felicitó por mi nombramiento y por mi boda... sobre esto último me dijo... cosas... (Sonriéndose con aire fatuo.) que podrían lisonjear algún tanto mi vanidad... si yo la tuviese. (¡Y quién sabe!) (Alto.) Pero yo no hago alto en eso. Ya estoy metido en los negocios de Estado, trabajos serios a que siempre he tenido una afición loca... sí, señora; porque me veáis generalmente frívolo y superficial, no creáis que no puedo yo tan bien como otro cualquiera... ¡Oh! el arte en esas cosas consiste en hacerlas jugando, como quien no hace nada... llegue yo un día al poder, ¡y ya verán!
Carolina	¡Vos al poder!
Geler	Seguramente; a vos puedo decíroslo en confianza; acaso no tarde en verificarse. Es preciso que la Dinamarca se rejuvenezca... esta es la opinión de Estruansé, de la condesa, de vuestro padre... y si pudiéramos eliminar a ese conde de Rantzau, que no sirve ya para nada, y que conservan aún ahí porque su antigua reputación de hombre hábil impone todavía respeto a las cortes extranjeras... en ese caso se me ha dado ya la palabra formal de entrar en su plaza... ya conocéis, pues, que el conde de Falklend y yo... el suegro y el yerno a la cabeza de los negocios, ya haríamos andar esto de otro modo... Esta mañana, por ejemplo, yo los veía a todos

	asustados; me daba risa; si me hubieran dejado a mí, yo os respondo de que en un abrir y cerrar de ojos...
Carolina	(Escuchando.) ¡Silencio!
Geler	¿Qué es?
Carolina	Me había parecido oír gritos confusos a lo lejos.
Geler	Os equivocáis.
Carolina	Es posible.
Geler	Alguna disputa... alguna riña en la calle; ¿les queréis privar de ese placer? eso sería una tiranía; de cosas más importantes tenemos que hablar... de nuestra boda, del baile de mañana y de las vistas, que probablemente no estarán acabadas... porque es lo que yo veo de malo en esos motines y conmociones populares, que los artesanos le hacen a uno esperar, y que nada está pronto.
Carolina	¡Ah! ¿no veis más que eso de malo? yo, sin embargo, que me he encontrado esta mañana en medio del tumulto, vela algo más...
Geler	¿Es posible?
Carolina	Sí, señor; y a no haber sido por el valor y la generosidad de Eduardo Burkenstaf, que me ha protegido y escoltado hasta casa...
Geler	Eduardo... ¿y quién le manda meterse?... ¿desde cuándo se ha abrogado el derecho de protegeros? pretensión por cierto más ridícula que la de su padre.

Jorge	(Sale.) Una carta para el señor barón.
Geler	¿De parte de quién?
Jorge	No sé, señor... la ha traído un joven, que se dice militar, y que espera abajo la respuesta.
Carolina	Algún parte acerca de lo que pasa.
Geler	Probablemente. (Leyendo.) «Tengo una charretera; el señor barón por consiguiente no puede negarme ya una satisfacción que necesito inmediatamente. Aunque soy el insultado, le cedo la elección de las armas, y le espero a la puerta con pistolas y espadas. Eduardo Burkenstaf, subteniente del 6.º de infantería.» (¡Qué insolencia!)
Carolina	¿Y bien? ¿Qué hay?
Geler	¡Nada! (Al criado.) Andad con Dios: decidle que más tarde... que veré... (Alto.) Le daremos una lección.
Carolina	Queréis ocultármele... hay alguna novedad... algún peligro... ¡ah! lo adivino por vuestra turbación.
Geler	¡Yo! ¿turbado?
Carolina	Pues enseñadme esa esquela y os creeré.
Geler	Señora, ¡es imposible!
Carolina	(Volviéndose y viendo a Koller.) El coronel Koller. Este no será tan reservado, y de él sabré...

Escena II

Carolina, Geler, Koller

Carolina   Hablad, coronel, ¿qué hay?

Koller   Que la insurrección que creíamos ya apaciguada vuelve a empezar con más fuerza que nunca.

Carolina   (A Geler.) ¿Lo veis? ¿Pues cómo?

Koller   Acusan a la corte, que había prometido la libertad de Burkenstaf, de haberle hecho desaparecer para no verse obligada a cumplir sus promesas.

Geler   ¡No sería mal golpe!

Carolina   ¿Qué decís? (Corre a la ventana, que abre, y mira a la calle, así como a Geler.)

Koller   (Solo.) (Entretanto, nos hemos aprovechado de esta coyuntura para sublevar al pueblo. Herman y Gustavo, mis dos emisarios, se han encargado de eso, y espero que la reina-madre estará satisfecha. Ya estamos casi seguros del éxito, sin necesidad de que haya tenido que hacer nada ese maldito conde de Rantzau.)

Carolina   Mirad, mirad allá abajo: se aumenta el tropel; ya rodean el palacio; ya han cerrado las puertas. ¡Ah, me da miedo! (Vuelve a cerrar la ventana.)

Geler   ¡Eso es inaudito! Y vos, coronel, ¿os estáis ahí?

Koller	Vengo a tomar las órdenes del consejo, que me ha hecho llamar, y espero.
Geler	Es que debería darse prisa. La condesa se va a asustar... nadie se acuerda de nada... deberían tomarse medidas...
Carolina	¿Y cuáles?
Geler	(Turbado.) Medidas... debe haber medidas... es imposible que no haya medidas...
Carolina	¿Pero qué medidas? ¿qué haríais vos?
Geler	(Fuera de sí.) ¡Yo! seguramente... pero me cogéis desprevenido. Yo no sé...
Carolina	¿Pero no acabáis de decir?
Geler	¡Oh! si... si yo fuera ministro... pero no lo soy no lo soy todavía... no es cuenta mía, y no se concibe cómo las gentes que están al frente de los negocios... las gentes que deberían gobernar... porque al fin... ¡qué diablo!... uno no puede tomar cartas... Este es mi parecer... y no hay otro... es el único... si yo fuese primer ministro, yo les enseñaría...

Escena III

Carolina, Geler, Rantzau, por el foro; Koller

Geler	(Corriendo hacia él.) ¡Ah! Señor conde, venid a tranquilizar a esta señorita, que está muerta de miedo; por más que le digo que esto no es nada, está conmovida, turbada...

Rantzau	(Fríamente y observándole.) Y por cierto que participáis en gran manera de sus penas; ¡ya se ve! como buen amante. ¡Ah! ¡estáis aquí, coronel!
Koller	Vengo a tomar las órdenes de la regencia.
Geler	(Con viveza.) ¿Qué se ha decidido en el consejo en dos horas de deliberación? ¿qué ha pasado?
Rantzau	(Con frialdad.) Han pasado dos horas; se ha hablado mucho; se ha discutido: Estruansé quería entrar en transacciones con el pueblo.
Geler	(Con viveza y aprobando.) ¡Cierto! ¿por qué no le han contentado?
Rantzau	El conde de Falklend, que se ha decidido por la energía, quería echar mano de otros argumentos, quería poner en juego la artillería...
Geler	(Ídem.) En último resultado ese es el modo de concluir de una vez: no hay otro.
Rantzau	Yo he adoptado una opinión que en un principio todos desecharon, y que por fin ha sido aprobada.
Koller, Carolina y Geler	¿Cuál?
Rantzau	(Fríamente.) No hacer nada: y eso es lo que hacen.
Geler	Pues no van del todo descaminados, porque bien mirado, al cabo, cuando el pueblo haya gritado a su sabor...

Rantzau	Se cansará.
Geler	Eso iba yo a decir.
Koller	Hará lo que hizo esta mañana.
Rantzau	(Sentándose.) Sí por cierto...
Geler	(Tranquilizándose.) Eso es... romperán unos cuantos vidrios, y se acabó.
Koller	Eso es lo que han hecho ya en todas las casas de los ministros... (A Geler.) y en la vuestra, barón.
Geler	¡Oiga! ¡está bueno!
Rantzau	En cuanto a la mía, no tengo cuidado: los desafío a que hagan otro tanto.
Geler	¿Por qué?
Rantzau	Porque después del último alboroto, no he compuesto un solo vidrio de los que me rompieron. Yo dije para mi sayo: Así queda, y servirá para la primera...
Carolina	(Escuchando.) Parece que se calma el ruido.
Geler	¡Ya lo sabía yo! No hay que asustarse por esos clamores... ¿Y qué dice mi tío el ministro de Marina?
Rantzau	(Fríamente.) No le hemos visto. (Irónicamente.) Su indisposición, que era muy leve, ha tomado un carácter marcado de gravedad desde que empezaron esos albo-

	rotos. Es una fatalidad muy singular: en empezando el motín, ya está en cama. ¡Cómo está tan delicado!...
Geler	(Con intención.) ¿Y vos gozáis de buena salud?
Rantzau	(Sonriéndose.) Eso es tal vez lo que os incomoda. Hay gentes a quienes pone de mal humor mi salud, y que quisieran verme en los últimos.
Geler	¿Quién?
Rantzau	(Sentado y con aire socarrón.) ¡Eh! por ejemplo, los que piensan heredarme.
Geler	No falta quien os pudiera heredar en vida.
Rantzau	(Mirándole con calma.) Señor barón, vos que, en calidad de consejero, conocéis nuestras leyes, ¿habéis leído el artículo 302 del código dinamarqués?
Geler	No, señor.
Rantzau	Me lo figuraba. Dice que no basta que quede declarada una herencia: es menester además ser apto para heredar.
Geler	¿Y con quién habla ese axioma?
Rantzau	Con los que carecen de aptitud.
Geler	Caballero, lo decís con un tono tan remontado...
Rantzau	(Levantándose y en el mismo tono.) Perdonad... ¿Vais mañana al baile de la condesa?

Geler	(Irritado.) Señor conde...
Rantzau	¿Bailaréis con ella?... ¿Dirigís las comparsas?
Geler	¡Yo sabré lo que quiere decir esa rechifla!
Rantzau	Me acusabais de remontarme demasiado... me he bajado un poco... me he puesto a vuestro nivel.
Geler	¡Esto ya es demasiado!
Carolina	(Junto a la ventana.) Callad, ¡por Dios! creo que vuelve a empezar el alboroto.
Geler	(Espantado.) ¿Otra vez? ¿no se acabará esto nunca? ¡Esto es insoportable!
Carolina	¡Dios mío! ¡Todo está perdido! ¡Ah! ¡mi padre!

Escena IV

Koller, en un extremo del teatro a la izquierda; Geler, Carolina, Falklend; Rantzau, en el otro extremo a la derecha.

Falklend	¡Tranquilizaos! Esos gritos que se oyen a lo lejos nada tienen ya de alarmantes.
Geler	¡Ya lo dije yo!... ¡eso no podía durar!
Carolina	¿Se ha concluido ya todo?
Falklend	No enteramente; pero va mejor.

Rantzau y Koller	(Cada uno y con desagrado.) (¡Malo!...)
Falklend	Por más que se le decía a la muchedumbre que nadie había atentado a la libertad de Burkenstaf, y que él mismo acaso, por prudencia o por modestia, habría querido evadirse del triunfo que se le preparaba...
Rantzau	¡Oh! en momentos como estos no era verosímil.
Falklend	No digo que no; así que, hubiera costado probablemente mucho trabajo convencer a sus parciales, si no hubiera llegado casualmente un regimiento de infantería, con el cual no contábamos, y que de paso para su nueva guarnición atravesaba Copenhague tambor batiente y a banderas desplegadas. Su presencia inesperada ha cambiado la disposición de los ánimos; hemos empezado a entendernos, y, mediante las repetidas promesas que se han hecho de emplear todos los esfuerzos posibles para descubrir el paradero de Berton Burkenstaf, cada cual se ha retirado a su casa, excepto algunos individuos que parecían más empeñados que los demás en excitar y prolongar el desorden.
Koller	(¡Los nuestros!)
Falklend	Pero nos hemos apoderado de ellos.
Koller	(¡Cielos!)
Falklend	Y como ahora estamos ya en el caso de dar un corte decisivo...
Geler	Eso es lo que yo estoy diciendo toda la mañana.

Falklend	Como no es cosa de que semejantes escenas se reproduzcan a cada momento, estamos decididos a tomar medidas serias.
Rantzau	¿Y quiénes son los arrestados?
Falklend	Gente oscura y desconocida.
Koller	¿Se saben sus nombres?
Falklend	Herman y Gustavo.
Koller	(¡Habrá torpes!)
Falklend	Fácil es conocer que esos miserables no obraban por inspiración propia; habían recibido instrucciones y dinero; y lo que nos importa saber ahora es la calidad de las personas que los ponen en juego.
Rantzau	(Mirando a Koller.) ¿Pero los nombrarán?
Falklend	¿Quién lo duda? su perdón si cantan; y fusilados si callan. (A Rantzau.) Vengo precisamente a buscaros para proceder a su interrogatorio, y que descubramos por este medio el núcleo de un complot.
Koller	(Llegándose a Falklend.) Del cual creo tener cogidos ya algunos cabos.
Falklend	¿Vos, Koller?
Koller	Sí. (No hay otro medio de salvarme.)

Rantzau	¿Y por qué no nos habéis comunicado antes vuestras luces en la materia?
Koller	Hasta hoy no tenía ningún dato seguro; pero me he apresurado a venir. Esperaba a que se concluyese el consejo para hablar al conde Estruansé, pero puesto que vuestras excelencias están aquí...
Falklend	Bien, estamos dispuestos a oíros.
Carolina	Me retiro, señor.
Falklend	Sí, por un instante.
Carolina	Señores... (Saluda y sale por la izquierda. Geler le da la mano y hace ademán de salir por el foro.)

Escena V

Koller, Geler, Falklend, Rantzau

Falklend	(A Geler.) Quedaos, querido; como secretario que sois del consejo, tenéis derecho de asistir a esta conferencia.
Rantzau	(Con gravedad.) En la cual vuestras luces y vuestra experiencia pueden sernos de grande utilidad. (Mirando a Koller.) (Nuestro hombre está apurado; no le perdamos de vista, y procuremos que salga del paso, sin comprometer a la reina madre, ni a otros amigos que acaso puedan ser útiles todavía.) (Mientras ha dicho esto, Geler y Falklend han tomado sillas y se han sentado a la derecha de la escena.)

Falklend	Hablad, coronel; comunicadnos esos datos que poseéis, y que después pondremos en conocimiento del consejo.
Koller	(Buscando palabras.) Hacía tiempo ya, señores, que yo sospechaba contra los miembros de la regencia la existencia de un complot, que varios indicios me hacían presumir, pero del cual no podía conseguir prueba ninguna positiva y determinante. Para conseguirlo, he procurado granjearme la confianza de algunos de sus jefes; me he quejado, he manifestado descontento, hasta he dejado traslucir que no estaba muy ajeno de conspirar: más, les he propuesto medios, los he animado...
Geler	Eso se llama sutileza.
Rantzau	(Fríamente.) Sí, se puede llamar así, si se quiere.
Koller	(A Falklend.) Mi industria consiguió objeto que deseaba, porque esta mañana misma han venido a proponerme que entre en un complot que debe verificarse esta noche, en la comida que dais a los ministros, vuestros colegas.
Geler	¡Hola!
Koller	Los conjurados deben introducirse en el palacio con diversos disfraces, y, penetrando en el comedor, apoderarse de cuanto encuentren.
Falklend	¿Es posible?
Geler	Hasta de los que no son ministros... ¡qué horror! (A Rantzau.) ¿Y no os estremecéis?

Rantzau	(Fríamente.) Todavía no. (A Koller.) ¿Estáis seguro, coronel, de lo que contáis?
Koller	Estoy seguro... es decir, estoy seguro de que me lo han propuesto, y me apresuraba a preveniros.
Rantzau	(Ayudándole.) Bien, pero no conocéis a los que os han hecho esas proposiciones.
Koller	Sí por cierto; Herman y Gustavo, los mismos que acaban de prender... y no dejarán de disculparse, y de acusarme; pero... felizmente... tengo pruebas aquí; esta lista, escrita y dictada por ellos.
Falklend	(Arrebatándosela.) La lista de los conjurados...
(La recorre.)	
Rantzau	(Con compasión.) (He ahí; honrados conspiradores sin duda, ¡pobres gentes! Fiaos luego de canalla como éste, que al primer riesgo os venden para salvarse.)
Falklend	(Entregándole la lista.) Mirad... ¿qué decís?
Rantzau	Digo que en todo eso no veo todavía nada de positivo. Cualquiera puede hacer una lista de conjurados; eso no prueba que haya una conspiración. Es preciso, además, un objeto, un jefe.
Falklend	¿Pero no veis que ese jefe es la reina madre, es María Julia?

Rantzau	No hay nada que lo demuestre, a no ser que el coronel... (Con intención.) tenga pruebas... positivas... personales...
Koller	No, señor.
Rantzau	(No es poca fortuna; esta es la primera vez que este imbécil me ha entendido.)
Geler	¡Oh! entonces el trance es muy delicado.
Rantzau	¡Sin duda! (Enseñando la lista.) Aquí hay personas distinguidas, gente de alta categoría... Se les ha de condenar ciegamente, solo porque se les ha antojado a los señores Herman y Gustavo hacer una confianza al coronel Koller. Confianza por otra parte muy bien colocada. En fin, el señor barón, que está versado en las leyes, os dirá como yo que (Marcadamente.), donde no hay principio de ejecución, no hay reo.
Geler	¡Cierto!
Falklend	(Se levanta y Rantzau también.) Bueno, pero dejémosle ejecutar su complot... que no se trasluzca nada, coronel, de la comunicación, que acabáis de hacernos, no se altere nada en el orden de la comida; que se verifique por el contrario; ténganse soldados ocultos en el palacio, cuyas puertas permanecerán abiertas.
Rantzau	(¡Gracias a Dios! ¡qué trabajo cuesta inspirarles ideas!)
Falklend	Y en cuanto se presente un conjurado, que se le deje entrar, y es nuestro. Su presencia sola en mi casa a

	semejantes horas y las armas que traiga serán pruebas irrecusables.
Rantzau	Enhorabuena.
Geler	Comprendo... pero, ¿y si no viniesen?
Rantzau	Sería señal de que habían engañado al coronel; no habría tal conjuración ni tales conjurados.
Falklend	Eso lo veremos. (Se dirige a la mesa de la izquierda y escribe, mientras Koller se separa y se mantiene en medio en el fondo.)
Rantzau	(Y no la habrá; prevengamos a la reina madre para que se estén todos en su casa. ¡Otra conspiración abortada!) (Mirando a Koller.) (¡Él los vende y yo los salvo!) (Alto.) Señores, os saludo, me vuelvo a ver a Estruansé.
Falklend	(A Geler.) Esa orden para el gobernador. (A Rantzau.) Volvéis, supongo.
Rantzau	Por supuesto; en el caso presente no puedo comer ya sino en vuestra casa; es lance de honor; voy únicamente a dar cuenta a su excelencia de la bella conducta del coronel Koller, porque al cabo si no cogemos a esas gentes, no será culpa suya... él ha hecho cuanto estaba de su parte, y se le debe un premio.
Falklend	Y lo obtendrá.
Rantzau	(Con intención.) O no hay justicia en la tierra... yo me encargo de eso.

Koller	(Inclinándose.) Señor conde... estoy agradecidísimo...
Rantzau	(Con desprecio.) Sí, tal vez debierais estármelo, pero os dispenso... (Vase.)
Koller	(¡Maldito! nunca sabe uno si este hombre es amigo o enemigo...) (Saludando.) Señores...
Geler	Os sigo, coronel... (A Falklend.) Conque esta orden al gobernador... y corro a contar a la condesa lo que hemos decidido y lo que hemos hecho. (Vase con Koller por el foro.)

Escena VI

Falklend	(Riéndose con satisfacción.) Todas estas gentes son débiles, indecisas, y si uno no tuviera carácter y energía por todos ellos, si uno no los manejase... ese conde de Rantzau sobre todo, que no ve delincuentes en ninguna parte, que no se atreve a condenar a nadie... vacilando siempre, sin resolución... ello sí, es un buen hombre, que nos cederá su puesto de buena gana en cuanto le necesitemos para mi yerno... ¡Oh! y esto no está lejos ya.

Escena VII

Carolina, saliendo por la izquierda; Falklend

Carolina	¿Bajáis al salón, padre mío?
Falklend	Sí, al momento.
Carolina	Bien; porque no tardarán en venir los convidados, y me cuesta tanto trabajo hacer los honores de la casa

	cuando me dejáis sola... hoy sobre todo, que no me siento buena.
Falklend	¿Pues qué?
Carolina	La agitación del día sin duda...
Falklend	Si no es otra cosa, tranquilízate: te dispenso de bajar al salón, y aun de asistir a la comida.
Carolina	¿De veras?
Falklend	Sí; vale más, porque pudiera ocurrir algo... y las mujeres siempre se asustan y se desmayan...
Carolina	¿Qué queréis decir?
Falklend	Nada; no hay necesidad de que sepas...
Carolina	No; hablad, hablad sin temor... ¡ah! ya entiendo... esa comida tenía por objeto la celebración de los esponsales, que se diferirán... que acaso no se verifiquen ya... si es eso lo que teméis decirme...
Falklend	(Con frialdad.) No por cierto; la boda se realizará...
Carolina	¡Dios mío!
Falklend	(Con calma y mirándola.) No hay variación ninguna; y a propósito, hija mía, dos palabras...
Carolina	(Bajando los ojos.) Ya escucho.

Falklend   Los asuntos del Estado no absorben de tal manera mis ideas que no pueda observar lo que pasa en mi casa; hace algún tiempo que he creído notar que un joven oscuro, un nadie, a quien mi bondad había dado entrada en mi casa, se atreve a poner los ojos... (Movimiento a Carolina.) ¿Lo sabíais, Carolina?

Carolina   Sí, señor.

Falklend   Le he despedido; y sean las que fueren sus habilidades y su mérito personal, que os he oído ponderar demasiado... os declaro aquí formalmente, y ya sabéis si mis determinaciones son enérgicas, que, aunque pendiese de ello mi vida, no consentiría jamás...

Carolina   Tranquilizaos, padre mío; sé muy bien que la idea sola de una boda desigual os haría desgraciado, y... os lo prometo... ¡no seréis vos el desgraciado!

Falklend   (Coge la mano de su hija, y después de una pausa.) Ese valor es el que yo necesito... te dejo... te disculparé en la mesa; diré que estás mala, y aun me temo que no mentiré; quédate en tu cuarto, y suceda esta noche lo que suceda, oigas lo que oigas, guárdate de salir de él. Adiós. (Vase.)

Escena VIII

Carolina, rompiendo a llorar

Carolina   ¡Ah! se ha marchado... ¡por fin puedo llorar!... ¡pobre Eduardo! ¡tantos sacrificios, tanto amor! ¿Este será su premio? ¡olvidarle! ¿Y por quién? ¡Dios mío! ¡qué injusta es la suerte! ¿por qué no le ha dado el nacimiento de que era digno? ¡entonces hubiera yo podido amar libremente las virtudes que brillan en él! entonces todos hubieran aprobado mi elección... iy ahora es un delito pensar en él! pero este día es mío todavía... todavía no soy de nadie; soy libre... y ya que no he de volverle a ver...

Escena IX

Carolina; Eduardo envuelto en una capa, entrando por la derecha precipitadamente

Eduardo	Han perdido mi huella.
Carolina	¡Cielos!
Eduardo	(Volviéndose.) ¡Ah! ¡Carolina!
Carolina	¿Qué os trae? ¿de qué procede esta osadía? ¿Con qué derecho, caballero, os atrevéis a penetrar hasta aquí?
Eduardo	¡Perdón! ¡mil veces perdón!... ahora mismo, en el momento en que cubierto con esta capa me introducía en el palacio, varios hombres que no parecen de la casa se han arrojado sobre mí; me he podido soltar de sus manos, y conociendo mejor que ellos las entradas, he llegado, a esta escalera, donde he dejado de oír sus pasos.
Carolina	¿Pero con qué objeto os introducís de esta manera en la casa de mi padre? ¿a qué ese misterio... esas armas? hablad; explicaos... lo exijo, lo mando.

Eduardo	Mañana me marcho; el regimiento a que he sido destinado sale de Dinamarca... He dirigido al barón de Geler una esquela que exigía una contestación pronta, y como tardaba, he venido a buscarla en persona.
Carolina	¡Dios mío!... ¡un desafío!... estoy segura..., ¡deliráis, Eduardo! ¡os vais a perder!
Eduardo	¿Qué importa, si consigo impedir vuestra boda? No tengo otro medio.
Carolina	Eduardo si tengo sobre vos alguna influencia, no desoiréis mis ruegos; renunciaréis a ese proyecto; no insultaréis al barón, ni provocaréis un escándalo, terrible para vos ¡y para mí, caballero! sí; yo pongo en vuestras manos mi reputación; tengo confianza en vuestro pundonor... Me equivocaré al creer...
Eduardo	¡Ah! ¿qué me pedís? exigís que os lo sacrifique todo... hasta mi venganza... y habéis de ser de otro, del mismo a quien queréis que perdone...
Carolina	No; ¡os lo juro!
Eduardo	¿Qué decís?
Carolina	Que si cedéis a mis súplicas, rehusaré esa boda; permaneceré libre; quiero serlo... sí, os lo juro aquí... no seré vuestra ni de Geler.
Eduardo	¡Carolina!
Carolina	Ahora conocéis cuanto pasa en mi corazón; ya no nos volveremos a ver; viviremos para siempre separados;

	pero al menos sabréis que no sois vos el único que padece, y que ya que no puedo ser vuestra, no seré de nadie.
Eduardo	(Con alegría.) ¡Ah! apenas puedo creerlo todavía..
Carolina	Ahora partid... demasiado tiempo habéis estado ya aquí: no expongáis los únicos bienes que me quedan, mi honor, mi reputación; no tengo otros; y si hubiese de perderlos o de verlos comprometidos... antes quisiera morir.
Eduardo	Y yo primero perder cien vidas que exponeros a la más leve sospecha; nada temáis, me alejo. (Abre la puerta por donde ha entrado.) ¡Cielos! hay soldados al pie de la escalera.
Carolina	¡Soldados!
Eduardo	(Señalando la puerta del foro.) Por aquí a lo menos.
Carolina	(Deteniéndole.) No... ¿no oís ruido? (Escuchando.) Suben... es la voz de mi padre... varias personas le acompañan... vienen todos... ¡Ah! si os encuentran aquí solo conmigo, ¡soy perdida!
Eduardo	¡Perdida! ¡oh! ¡no! yo os respondo con mi vida. (Señalando a la puerta de la izquierda.) Allí. (Se precipita dentro.)
Carolina	¡Cielos! ¡mi cuarto! (La puerta se cierra, Carolina oye subir por la puerta del foro, se abalanza a la mesa de la izquierda, coge un libro y se sienta.)

Escena X

Carolina, Geler, Falklend, Koller, algo en el fondo, con algunos soldados; Rantzau, varios señores y damas, soldados que permanecen en el fondo por la parte de afuera.

Falklend — Esta es la única parte de la casa que no se ha registrado.

Carolina — ¡Dios mío! ¿qué hay?

Geler — Un complot fraguado contra nosotros.

Falklend — Y que yo hubiera querido ocultarte; un hombre se ha introducido en la casa.

Geler — Las guardias emboscadas en el primer patio dicen haber visto deslizarse tres.

Rantzau — ¡Otros dicen siete!... de suerte que pudiera muy bien no haber ninguno.

Falklend — Por lo menos había uno, y estaba armado; dígalo la pistola que ha dejado caer en el segundo patio al huir; por otra parte, si ha buscado asilo en este lado de la casa, como yo creo, no ha podido penetrar en él sino por esa escalera, y es raro que no lo hayas visto.

Carolina — (Con agitación.) No, ciertamente: nada.

Falklend — O a lo menos que no hayas oído...

Carolina — (Con la mayor turbación.) Hace un momento efectivamente, estaba yo leyendo y... se me figuró que había

	oído a alguien cruzar por esta pieza; como quien va hacia el salón, y allí será sin duda donde...
Geler	Imposible; nosotros venimos de allí, y, si no hubiese soldados al pie de esa escalera, creería yo que está todavía...
Falklend	A ver, Koller. (Haciendo seña a dos soldados, que abren la puerta de la derecha y desaparecen con Koller.)
Rantzau	(Algún torpe, alguno que no habrá recibido la contraorden, y que habrá acudido solo a la cita.)
Koller	(Entrando.) ¡Nadie!
Rantzau	(¡Tanto mejor!)
Koller	No entiendo por qué rara casualidad han cambiado de plan.
Rantzau	(Sonriéndose.) (¡La casualidad! ¡todos los necios creen en ella!)
Falklend	(A él y a algunos soldados, señalando el cuarto de la izquierda.) No queda más que este cuarto.
Carolina	¿El mío, señor?
Falklend	No importa, no importa: entrad. (Geler, Koller y algunos soldados se presentan en la puerta del cuarto, que se abre de repente, y aparece Eduardo.)

Escena XI

Carolina, Eduardo, Geler, Koller, Falklend, Rantzau

Todos	(Viendo a Eduardo.) ¡Cielos!
Carolina	¡Yo muero!
Eduardo	Aquí estoy; yo soy el que buscáis.
Falklend	(Irritado.) ¡Eduardo Burkenstaf en el cuarto de mi hija!
Geler	También conjurado.
Eduardo	(Mirando a Carolina, que está próxima a desmayarse.) ¡Sí, también conjurado! (Con energía, avanzando hacia el medio de la escena.) Sí, ¡conspiraba!
Todos	¡Es posible!
Koller	Y yo no lo sabía...
Rantzau	También él...
Koller	(Debe saberlo todo; si habla me compromete.) (Entretanto Falklend ha hecho seña a Geler que se siente a la mesa de la izquierda y escribe. Se vuelve hacia Eduardo.)
Falklend	¿Dónde están vuestros cómplices? ¿quiénes son?
Eduardo	No los tengo.
Koller	(Bajo a Eduardo.) ¡Bravo! (Se aleja rápidamente; Eduardo le mira con asombro y se acerca a Rantzau.)

Rantzau	(Haciendo un gesto de aprobación a Eduardo.) (No es un vil este.)
Falklend	(A Geler.) ¿Habéis escrito? (Volviéndose a Eduardo.) Sin cómplices ¿eh?... es imposible; los alborotos de que vuestro padre ha sido hoy causa o pretexto, las armas que traéis, prueban un proyecto de que ya teníamos conocimiento; queríais atentar a la libertad de los ministros, a su vida tal vez, y semejante proyecto vos solo no podíais llevarle a cabo.
Eduardo	Nada tengo que responder, ¡y de mí no sabréis nunca otra cosa sino que conspiraba contra vos! quería quebrantar el yugo vergonzoso que oprime al rey y a Dinamarca; sí, existen entre vosotros gentes indignas del poder, y cobardes, a quienes he desafiado en balde...
Geler	Sobre eso daré explicaciones al consejo.
Falklend	¡Silencio, Geler! Puesto que el señor Burkenstaf confiesa que estaba metida en una conspiración...
Eduardo	(Con energía.) ¡Sí!
Carolina	(A Falklend.) Os engaña; es falso.
Eduardo	Señorita, perdonad; debo de decir lo que digo; tengo a mucha honra el poderlo confesar en alta voz (Con intención y mirándola.), y dar así al partido a quien sirvo esta última prueba de adhesión.
Koller	(Bajo a Rantzau.) Es hombre perdido, y su partido también.

Rantzau	(Solo a la derecha del espectador.) (Todavía no; esta es ocasión de soltar a Burkenstaf; ahora que se trata de su hijo, fuerza será que se presente de nuevo; y esta vez veremos.) (Se vuelve hacia Falklend y Geler, que se han acercado a él.)
Falklend	(Dando a Rantzau el papel que le ha entregado Geler, y dirigiéndose a Eduardo.) ¿Es esta vuestra última declaración?
Eduardo	Sí, he conspirado; sí, estoy pronto a firmarlo con mi sangre: no sabréis una palabra más. (Geler, Falklend y Rantzau parecen deliberar. Entretanto Carolina dice a Eduardo en voz baja.)
Carolina	¡Os perdéis! Os cuesta la vida.
Eduardo	(Id.) ¿Qué importa? no quedaréis comprometida; os lo había jurado.
Falklend	(Dejando de hablar con sus colegas, y dirigiéndose a Koller y a los soldados que están detrás de él, les dice señalando a Eduardo.) Prendedle.
Eduardo	Vamos.
Rantzau	(¡Pobre mozo!) (Tomando un polvo.) (¡Esto va bien!)

(Los soldados se llevan a Eduardo por el foro. Cae el telón.)

Acto IV

Habitación de la reina madre en el palacio de Cristiamborg. Dos puertas laterales. Puerta secreta a la izquierda. A la derecha un velador cubierto con un rico tapete.

Escena I

La reina, a la derecha, sentada junto al velador

La reina   ¡Nadie! ¡nadie todavía! mi inquietud se aumenta por momentos; no entiendo este billete anónimo. (Leyendo.) «A pesar de la contraorden que habéis dado, uno de los conjurados fue preso ayer noche en el palacio de Falklend. Es el joven Eduardo Burkenstaf. ¡Haced por ver a su padre y ponedle en movimiento! no hay tiempo que perder.» ¡Eduardo Burkenstaf preso como conspirador! ¡Con que, era de los nuestros! ¿Entonces por qué Koller no me ha prevenido? No le he visto desde ayer; no sé qué es de él. Con tal que no esté también comprometido; es el único amigo con quien puedo contar; acabo de ver al rey; le he hablado; tenía confianza con él, pero su cabeza está más débil que nunca; es todo lo más si me ha conocido y me ha comprendido... y si ese joven, intimidado por las amenazas, nombra a los jefes de la conspiración, si me vende... mas no; es pundonoroso; tiene valor. Pero y su padre... su padre, que no viene, y que es mi única esperanza. Le he enviado a decir que me traiga las telas que le he encargado, y ha debido comprenderme; ¡en el día nuestra suerte y nuestros intereses son los mismos! de nuestra armonía depende el éxito.

Un ujier en la cámara (Entrando.) El señor Berton Burkenstaf quiere presentar unas telas a Vuestra Majestad.

Reina (Con viveza.) Que entre; que entre.

Escena II

La reina, Berton, Marta, con telas debajo del brazo, el ujier, que permanece en el fondo

Berton Ya veis, mujer; no nos han hecho hacer antesala un solo instante.

Reina Venid; os esperaba.

Berton ¡Vuestra Majestad es demasiado amable! Me habéis hecho llamar a mí; pero yo me he tomado la libertad de traer a mi mujer para que vea el palacio, y sobre todo el favor con que me honra Vuestra Majestad.

Reina Poco importa si es de fiar. (Al ujier.) Dejadnos. (Vase.)

Marta Aquí tiene Vuestra Majestad...

Reina No se trata de eso. ¿Sabéis lo que pasa?

Berton No, señora; no he salido de mi casa. Por una casualidad que no hemos podido comprender estaba encerrado.

Marta Y lo estaría todavía, a no ser por un aviso secreto que he recibido.

Reina (Con viveza.) No importa. Os he llamado, Burkenstaf, porque necesito vuestros consejos y vuestro auxilio.

Berton	¡Es posible! (A Marta.) Ya lo oyes.
Reina	Esta es la ocasión de emplear vuestro influjo, de presentaros por fin.
Berton	Vuestra Majestad cree...
Marta	Yo creo que es la ocasión de estarse quieto. Perdone Vuestra Majestad, pero demasiado ha dado ya que decir.
Berton	¿Callarás? (La reina le hace señas que se modere, y va a mirar por el foro si los escuchan. Entretanto Berton prosigue a media voz, dirigiéndose a su mujer.) ¡Eso es perjudicar mis ascensos, cortarme la suerte!
Marta	(A media voz a su marido.) ¡Linda suerte! ¡rotos nuestros muebles, nuestros géneros saqueados, seis horas de cárcel en un sótano!
Berton	(Fuera de sí.) ¡Marta! Pido mil perdones a Vuestra Majestad. (Si yo hubiera sabido esto, me hubiera guardado muy bien de traerla.) (Alto.) ¿Qué exigís de mí?
Reina	Que unáis vuestros esfuerzos a los míos para salvar nuestro país oprimido, y devolverle la libertad.
Berton	Señora, todo el mundo me conoce; no hay cosa que yo no haga por la patria y por la libertad.
Marta	Y por ser nombrado burgomaestre; porque esto es lo que deseas ahora.

Berton	Lo que deseo es que calles, o sino...
Reina	Silencio.
Berton	(A media voz.) Hablad, señora; hablad.
Reina	Koller, uno de los nuestros, os había instruido ya de nuestros proyectos de ayer.
Berton	No, señora.
Reina	¿Es posible? eso me asombra...
Berton	(Con impaciencia.) Y a mí... porque al fin, si el señor Koller es uno de los nuestros, me parece que yo era el primero con quien se debía contar.
Reina	Sobre todo después de la prisión de vuestro hijo.
Marta	(Dando un grito.) ¿Preso, decís? ¡mi hijo preso!
Berton	¡Se han atrevido a prender a mi hijo!
Reina	¿Qué? ¿no lo sabéis?... está acusado de conspiración. Su vida está en peligro; por eso os he llamado.
Marta	(Corriendo hacia ella.) ¡Ah! eso es distinto; si yo hubiera sabido... Perdonadme, señora... perdonadme... (Llorando.) mi hijo... ¡hijo mío! (A Berton con calor.) La reina dice bien, es preciso salvarle.
Berton	Sí; es preciso sublevar el barrio; alborotar toda la ciudad.

Marta	¿Y te estás ahí? ¿no estás ya en medio de nuestros amigos, de nuestros vecinos, de nuestros dependientes para provocarlos como ayer a la rebelión?
Reina	Eso es todo lo que os pido.
Berton	Entiendo, entiendo; pero es preciso deliberar...
Marta	Es preciso tomar las armas y correr a palacio... que me vuelvan mi hijo (Siguiendo a su marido, que retrocede algunos pasos hacia la derecha.) No eres hombre si sufres este ultraje, si tú y los habitantes de esta ciudad toleráis que arrebaten un hijo a su madre, que le sepulten sin razón en un calabozo, que derriben su cabeza; es interés de todos... es la causa del país y de su libertad.
Berton	¡Hola! ¡la libertad!... tú también...
Marta	(Fuera de sí.) Sí, la libertad de mi hijo; poco me importa lo demás; yo no veo más que esa, pero esa la lograremos.
Reina	En vuestras manos la tenéis; yo os ayudaré con todo mi poder y todos los adictos a mi causa; pero moveos, moveos por vuestra parte para derribar a Estruansé.
Marta	Sí, señora, y para salvar a mi hijo: contad con nuestra adhesión.
Reina	Tenedme al corriente de cuanto hagáis, y de los progresos de la sedición. (Señalando la puerta de la izquierda.) Por una escalera secreta que da a los jar-

	dines podéis estar en comunicación conmigo y recibir mis órdenes... alguien viene; partid.
Berton	Bien está; bien... pero si, además, me dijeseis lo que es preciso...
Marta	(Arrastrándole.) ¡Es preciso seguirme... mi hijo nos espera... ven, ven pronto! (A la reina.) Pierda cuidado Vuestra Majestad; yo os respondo de él y de la rebelión. (Sale llevándose a su marido por la puerta de la izquierda, al mismo tiempo aparece en el loro el ujier.)
Reina	¿Qué hay? ¿qué queréis?
Ujier	Dos ministros vienen en nombre del consejo a hacer a Vuestra Majestad una comunicación importante.
Reina	¡Cielos! ¿qué será? (Alto.) Que entren. (Se sienta.)

Escena III

El conde de Rantzau, Falklend, La reina

Falklend	Señora, de ayer acá la tranquilidad de Copenhague se ha visto seriamente comprometida: varias veces se han manifestado grupos y se han proferido gritos sediciosos en distintos puntos; y ayer, por último, se ha tratado de llevar a cabo en mi misma casa un complot, cuyos jefes se ignoran, pero acerca de los cuales tenemos sospechas...
Reina	Creo, en efecto, señor conde, que os sea más fácil tener sospechas que pruebas.

Rantzau	(Con intención y mirando a la reina.) Verdad es que Eduardo Burkenstaf se obstina en callar... pero...
Falklend	Obstinación o generosidad que le costará la vida. Entretanto, para ahogar en su origen esas sediciones, cuyos corifeos no quedarán impunes mucho tiempo, venimos en nombre del gobierno a intimaros la orden de no salir de este palacio.
Reina	¿A mí? ¿y con qué derecho?
Falklend	Con un derecho que no teníamos ayer, y que hoy nos abrogamos. Una conspiración descubierta da fuerza a un gobierno. Estruansé, que vacilaba todavía, se ha decidido por fin a adoptar las medidas enérgicas propuestas por mí: el que da pronto, da dos veces. Y, por consiguiente, no se juzgarán ya los delitos de Estado por los tribunales ordinarios, sino por el consejo de regencia, único tribunal competente: allí se está decidiendo ahora la suerte de Eduardo Burkenstaf, entretanto que hacemos comparecer reos de más alta categoría.
Reina	¡Señor conde!

Escena IV

Rantzau	Geler, Falklend, La reina. (Geler entra por el fondo con varios papeles en la mano, saluda a la reina, y se dirige a Falklend sin ver a Rantzau, que está detrás de él.)
Geler	Aquí está el decreto del consejo que acabo de expedir en calidad de secretario, y al cual solo faltan dos firmas.

Falklend	Bien.
Geler	(Con aturdimiento y enseñando otros papeles.) Aquí está también, según me habéis encargado, el proyecto de decreto para la exoneración de...
Falklend	(En voz baja señalando a Rantzau.) ¡Silencio!
Geler	¡Es verdad; no le había visto! (Mirando a Rantzau, cuya fisonomía ha permanecido impasible.) ¡No lo ha oído; ni se le pasa por la imaginación!
Falklend	(Recogiendo los papeles.) La sentencia de Eduardo Burkenstaf. (Leyendo.) ¡Condenado!
Reina	¡Condenado!
Falklend	Sí, señora, e igual suerte espera en lo sucesivo a cualquiera que se atreva a imitarle.
Geler	He encontrado también una diputación de magistrados y consejeros del tribunal supremo: quejosos de que el consejo de regencia entienda en la causa de Eduardo Burkenstaf, en perjuicio, según dicen, de sus atribuciones, venían a representar al rey, y cuentan para este paso con Vuestra Majestad.
Falklend	Ya lo veis, señora; todos los descontentos hacen causa común con vos.
Reina	Y, gracias a vuestro cuidado, mi corte se aumenta diariamente.

Falklend	(A la reina.) No quiero negar a Vuestra Majestad el placer de esta entrevista. (A Geler.) Decid que entren; les daremos audiencia en vuestra presencia.

Escena V

Rantzau, el presidente, cuatro consejeros; Geler, Falklend, cerca de la reina.

Falklend	Señores, sé el motivo que os trae, pero nos hemos visto precisados a alterar el curso natural de la justicia, bien a nuestro pesar, para evitar, por medio de un castigo rápido, escenas semejantes a las pasadas.
Presidente	(Con voz firme.) Perdonad, señor; cuando el Estado está en peligro, cuando el orden público está amenazado, debe pedir a la justicia y a las leyes un apoyo contra la rebelión y no apoyarse en la rebelión para derribar la justicia.
Falklend	(Con altanería.) Cualquiera que sea vuestra opinión en el particular, debo recordaros, señores, que estamos en un país donde nadie puede usar semejante lenguaje con el gobierno; os aconsejo que empleéis vuestro ascendiente sobre el pueblo en exhortarle a la sumisión; de otra suerte, que no culpe a nadie de las desgracias que pudieren sobrevenir. Esta noche han entrado tropas en la capital; la guardia del palacio está confiada al coronel Koller, quien tiene orden de repeler la fuerza con la fuerza; y, para probar a todos que nada puede intimidarnos, Eduardo Burkenstaf, hijo de ese comerciante rebelde a quien habíamos perdonado, Eduardo Burkenstaf convencido por su propia confesión de conspirador contra el consejo de regencia, acaba de ser

	condenado a muerte, y su sentencia es lo que firmo. (A Rantzau.) Conde de Rantzau, solo falta vuestra firma.
Rantzau	(Fríamente.) No la daré.
Todos	¿Cómo?
Falklend	¿Por qué?
Rantzau	Porque la sentencia me parece injusta, así como la determinación de quitarle al tribunal supremo las atribuciones que de derecho le corresponden.
Falklend	¡Señor conde!
Rantzau	Esa es al menos mi opinión; desapruebo todas esas medidas; están en contradicción con mi conciencia; no firmaré.
Falklend	Pero eso debierais haberlo dicho en el consejo.
Rantzau	En todas partes se debe protestar contra la injusticia.
Geler	En esos casos, señor conde, da uno su dimisión.
Rantzau	Ayer me era imposible; estabais en peligro; hoy sois poderosos, nada se os opone, puedo retirarme sin bajeza; y en cuanto a esa dimisión que el caballero Geler parece desear con tanta impaciencia...
Falklend	Daré cuenta a la regencia, que la admitirá.
Geler	La aceptaremos.

Falklend	Señores, me parece que habréis entendido... podéis retiraros.
Presidente	(A Rantzau.) No esperábamos menos de vos, señor conde; os damos las gracias en nombre de la patria. (Vase con los consejeros.)
Falklend	Voy a dar cuenta a Estruansé de una conducta tan inesperada.
Rantzau	Pero tan de vuestro gusto.
Falklend	(Saliendo.) ¿Venís conmigo, Geler?
Geler	Ahora mismo. (Acercándose a Rantzau con aire bufón.) Quisiera antes...
Rantzau	¿Darme las gracias?... No hay de qué... ¡ya sois ministro!
Geler	De todos modos lo hubiera sido. (Enseñándole los papeles que conserva en la mano.) Había tomado mis medidas. (Estregándose las manos.) ¿No os dije que os derribaría?
Rantzau	(Sonriéndose.) Cierto. Señor barón, no quiero entreteneros; ¡daos prisa, ministro de un día!
Geler	(Sonriéndose.) ¿Ministro de un día?
Rantzau	¿Quién sabe?... puede ser que dure menos todavía. Por lo mismo sentiría mucho robaros un solo instante de poder. Los minutos son preciosos.

Geler	¡Sea! (¡Magnífico! ya están todos aterrados y confundidos.) (Saluda a la reina y vase.)

Escena VI

La reina, asombrada; Rantzau

Rantzau	(¡Ah! ¡Ah! Mis amados colegas estaban decididos a destituirme; los he ganado por la mano, y ahora veremos.)
Reina	No vuelvo en mí de mi asombro. ¡Vos, Rantzau, dar vuestra dimisión!
Rantzau	¿Por qué no? Hay momentos en que un hombre de honor debe dar la cara.
Reina	Pero os perdéis.
Rantzau	No, señora; es gran cosa una dimisión oportuna. (Es un anzuelo.) (Alto.) Por otra parte, si he de confesaros mi debilidad, yo, hombre de estado, que me creía al abrigo de toda sensación, me siento inclinado a ese pobre Eduardo; me ha indignado la conducta que con él han observado... y, sobre todo, sus procederes para con Vuestra Majestad han acabado de decidirme.
Reina	¡Atreverse a arrestarme en palacio!
Rantzau	Si no fuese más que eso...
Reina	¿Cómo? ¿tienen otros proyectos? ¿los sabéis?

Rantzau	Sí, señora; y, ahora que ya no soy miembro del consejo, mi amistad puede revelároslos. Eduardo no es el único preso. Otros dos agentes subalternos... Hermán y Gustavo...
Reina	¡Dios mío!... han descubierto... ¡ese pobre Koller estará comprometido!
Rantzau	No, señora; ese pobre Koller es el primero que os ha abandonado, que os ha vendido.
Reina	¡No es posible!
Rantzau	La prueba... es que tiene ahora más favor que nunca... que le han confiado la guardia de palacio; y cuando yo os decía ayer: «No os fiéis de él, que os venderá...».
Reina	¿De quién podrá uno fiarse, Dios mío?
Rantzau	¡De nadie!... algún día adquiriréis esa triste experiencia. Con pretexto de la causa que ahora fingirán formaros para cubrir las apariencias, están resueltos a encerraros en un castillo para toda vuestra vida. Esta noche misma deben llevaros, y el encargado de ejecutar esa orden... ¿qué digo? el que lo ha solicitado... es Koller.
Reina	¡Qué horror!
Rantzau	Debe venir aquí al anochecer.
Reina	¡Koller!... semejante ingratitud... ¿y sabéis que tengo medios de perderle, que tengo cartas suyas?

Rantzau	(Sonriéndose.) ¿Sí, eh? ahora comprendo por qué tenía tanto interés en encargarse de vuestro arresto; quería sorprender vuestros papeles, y no remitir al consejo sino los que le pareciesen convenientes.
Reina	(Que ha abierto un mueble y cogido unas cartas que presenta a Rantzau.) Tomad... tomad... si sucumbo, tenga al menos el consuelo de derribar su cabeza.
Rantzau	(Cogiendo con viveza las cartas y metiéndolas en la faltriquera.) ¿Y qué haríais, señora, con la cabeza de Koller? Aquí no se trata de vengarse, sino de triunfar.
Reina	¿Triunfar? y ¿cómo? Todos mis amigos me abandonan, excepto uno solo, una mano desconocida, tal vez la vuestra, que me ha aconsejado que me entienda con Berton Burkenstaf.
Rantzau	¡Yo, señora!
Reina	(Con viveza.) En fin, ¿creéis que logre sublevar al pueblo?
Rantzau	Él solo, no, señora.
Reina	Pues ayer bien lo consiguió.
Rantzau	Por eso mismo no lo podrá hacer hoy; la autoridad está prevenida; está en guardia; ha tomado sus medidas; por otra parte, ese Berton es incapaz de obrar por sí solo; es un instrumento, una máquina, una palanca; dirigida por un brazo hábil y poderoso puede haceros grandes servicios, pero siempre que él mismo ignore para quién

	y cómo... si raciocina, si se mete a comprender, ya no sirve para nada.
Reina	¿Qué puedo hacer entonces?... Rodeada de enemigos y de lazos, sin auxilios, sin apoyo, amenazada mi libertad y acaso mi vida, es fuerza resignarme con mi suerte y saber morir. La condesa triunfa... y mi causa es una causa perdida.
Rantzau	(Fríamente.) Os equivocáis; nunca ha estado más ganada.
Reina	¿Qué decís?
Rantzau	Ayer nada se podrá hacer, porque no teníais de vuestra parte más que un puñado de intrigantes, y conspirabais sin objeto y a la buenaventura. Hoy tenéis en vuestro favor la opinión pública, los magistrados, todo el país, a quien se insulta, se ultraja y se pretende tiranizar, quitándole sus derechos. Vos le defendéis, y él defiende los vuestros. Nuestro rey Cristiano se ve despojado de su autoridad; vos y Eduardo Burkenstaf estáis condenados contra toda ley; el pueblo se pronuncia siempre por los oprimidos: vos lo sois en este momento... a Dios gracias; es una ventaja de que es preciso aprovecharse.
Reina	¿Pero de qué manera? el pueblo no puede ayudarme.
Rantzau	No hagáis cuentas con él; pero vivid segura en todo evento de tenerle por aliado.
Reina	Y si mañana Estruansé me ha de prender, ¿cómo impedírselo?

Rantzau	(Sonriéndose.) Prendiéndole a él esta noche.
Reina	(Asombrada.) ¡Os atrevierais!
Rantzau	(Fríamente.) No se trata aquí de mí, sino de Vuestra Majestad.
Reina	¿Qué queréis decir?
Rantzau	En primer lugar, ¿estáis bien persuadida, como lo estoy yo, de que en las circunstancias presentes no os queda más esperanza, ni otra alternativa, que la regencia o una prisión perpetua?
Reina	Lo creo firmemente.
Rantzau	Con semejante certeza todo se puede intentar; lo que en otro caso sería temeridad viene a ser en éste prudencia. (Con calma y señalando la puerta de la izquierda.) ¿Esta puerta no da al cuarto del rey?
Reina	Sí; acabo de verle: está solo, abandonado de todos: en el estado casi de la infancia.
Rantzau	Entonces, y puesto que podéis todavía entenderos con él, fácil os sería obtener...
Reina	¿Quién lo duda?... ¿pero para qué? ¿de qué servirá la orden de un rey sin poder?
Rantzau	(A media voz, pero con energía.) Consigámosla, y después se verá.
Reina	¿Y vos después os moveréis?

Rantzau	Yo no.
Reina	¿Quién, pues?
Rantzau	(Deteniéndose.) Llaman.
Reina	(A Media voz.) ¿Quién?
Berton	(De fuera.) Yo, Berton de Burkenstaf.
Rantzau	(A media voz.) Perfectamente: ese es el hombre que necesitáis para ejecutar vuestras órdenes, él y Koller.
Reina	¿Koller?
Rantzau	No es necesario que me vea; hacedle esperar aquí un momento, y venid a buscarme.
Reina	¿Adónde?
Rantzau	(A media voz.) ¡Allí!
Reina	¡A la antecámara del rey! (Rantzau sale.)

Escena VII

Berton, La reina

Berton	(Entrando misteriosamente.) Soy yo, señora, que no tengo nada que participar a Vuestra Majestad, y que vengo por lo mismo a consultar...

Reina	(Con viveza.) ¡Bien! ¡Bien! El cielo os envía. Esperad aquí y no salgáis: esperad las órdenes que voy a daros, y que deberéis ejecutar inmediatamente.
Berton	(Inclinándose.) Sí, señora. (La reina se entra por la izquierda.)

Escena VIII

Berton	No vendrá mal esto: sabré al menos lo que debo hacer; porque todo pesa sobre mí, y no sé a qué atenerme. «Nuestro amo, ¿dónde hemos de ir?... nuestro amo, ¿qué hemos de decir? nuestro amo, ¿qué hemos de hacer?... ¡Qué diablos sé yo! les respondo siempre... esperad... no se pierde nada en esperar... pueden ocurrir ideas... al paso que si uno se precipita...»

Escena IX

Juan, Berton, Marta

Berton	(A Juan y Marta que entran por la puerta de la izquierda.) ¿Qué hay?
Juan	(Tristemente.) Esto va mal, ¡todo está tranquilo!
Marta	Las calles están desiertas, las tiendas cerradas: por más que los artesanos que hemos puesto en movimiento han gritado ¡viva Burkenstaf! ¡nadie ha respondido!
Berton	¡Nadie! ¡esto es inconcebible! ¡vea usted! ¡unas gentes que me adoraban ayer... que me llevaban en triunfo, y hoy permanecen en sus casas!

Juan	¿Y cómo diablos han de salir? Hay soldados y patrullas en todas las calles.
Berton	¿De veras?
Juan	Las puertas de nuestros talleres están custodiadas por piquetes de caballería.
Berton	¡Dios mío!
Marta	Y los primeros artesanos que han tratado de levantar la cabeza han sido presos al momento.
Berton	(Espantado.) Eso es otra cosa... Oídme, yo no sabía nada de eso. Yo le diré a la reina madre: «Señora, lo siento mucho, pero nadie está obligado a hacer imposibles, y me parece que lo mejor que podemos hacer es volvernos a nuestras casas».
Marta	Ni aun eso podemos ya; nuestra casa está allanada; varios piquetes se han acuartelado en ella: todo lo han saqueado, y, si en este momento te presentases, hay orden de prenderte, y acaso...
Berton	Pero eso es espantoso, es una arbitrariedad... una... ¿Y dónde nos esconderemos ahora?
Marta	¿Escondernos? ¿Cuándo mi hijo está en peligro, cuándo dicen que acaban de condenarle?
Berton	¿Es posible?
Marta	Tú lo has querido; tú nos has metido en esto; a ti te toca ver cómo nos sacas; es preciso moverse, hacer algo.

Berton	Eso quisiera yo... ¿pero cómo?
Juan	Los trabajadores del puerto, los marineros noruegos están libres; esos no temen a nadie; y en dándoles oro...
Marta	Dices bien, oro, oro, todo el que tenemos; tenemos oro todavía; lo hemos podido salvar. Cuanto tenemos.
Berton	Pero advierte...
Marta	¿Dudas todavía?
Berton	No; no dudo precisamente; no digo que no... pero no digo tampoco que sí.
Juan	¿Pues entonces qué decís, nuestro amo?
Berton	Digo que es preciso esperar.
Marta	¡Esperar! ¿Y quién os impide tomar un partido?
Juan	Sois el jefe del pueblo.
Berton	(Encolerizado.) ¡Pues ya se ve! ¡voto va! ¿soy el jefe del pueblo? y nadie me dice una palabra; no se me comunica una orden... ¡esto es inconcebible!

Escena X

Dichos, el ujier

Ujier	(Dando un pliego a Burkenstaf.) Al señor Berton Burkenstaf, de parte de la reina.

Berton		¡De la reina! ¡ah, qué fortuna! (Al ujier, que se va.) Gracias, amigo, he aquí lo que esperaba para poner esto en movimiento.
Marta y Juan		¿Qué es?
Berton		¡Silencio! no os lo decía; pero estaba así concertado con la reina; teníamos acá nuestro plan.
Marta		Eso es otra cosa.
Berton		Veamos: en primer lugar... (Leyendo aparte.) «Mi querido Berton.» ¡Bravo! «Os confío, como a jefe del pueblo, esta orden del rey...» ¡Del rey! ¿es posible? «Vos mismo os encargaréis de que quede entregada.» ¡Por supuesto! ¡Vaya! «Hecho lo cual, y sin entrar en ningún detalle ni declaración, os retiraréis, saldréis del palacio, y os mantendréis oculto.» Se hará todo exactamente. «Y mañana al amanecer, si veis ondear el pabellón real sobre las torres de Cristiamborg, recorred la ciudad acompañado de los amigos de que podáis disponer, gritando: ¡Viva el rey!» Ya está todo dicho. «Romped en el acto este billete.» (Rompiéndole.) (Ya está hecho.)
Marta y Juan		¿Y bien? ¿qué hay?
Berton		¡Silencio, mujer, silencio! los secretos de estado no os importan; básteos saber por ahora que sé lo que tengo que hacer. A ver... veamos... (Cogiendo el pliego cerrado.) «A Berton Burkenstaf, para entregar al general Koller.»
Marta		¡Koller!

Berton	¿Quién diablos es éste? ¡Ay! ya sé... uno de los nuestros, de quien nos hablaba la reina esta mañana... ¿no te acuerdas?
Marta	Es verdad.
Berton	Pronto lo recibirá. Por lo que a nosotros toca, debemos salir de aquí con el mayor secreto, y mantenernos escondidos toda la noche.
Marta	¿Qué dices?
Berton	Silencio he dicho; es nuestro plan. (A Juan.) Tú, esta noche, reunirás a los marineros noruegos de que nos hablabas; les darás oro, mucho oro; luego me lo pagarán en honores y dignidades... al amanecer vendréis todos a reuniros conmigo, y entonces...
Marta	¿Se salvará de esa manera a nuestro hijo?
Berton	¡Brava pregunta!... Sí, mujer, sí; de esa manera se salvará, y yo seré consejero, tendré un gran destino... gordo, gordo... y Juan también... otro más pequeño.
Juan	¿Cuál? ¿a ver?
Berton	Por el pronto yo te prometo algo... ¡Pero estamos perdiendo un tiempo precioso, y tengo tantas cosas en la cabeza! Cuando uno tiene que hacerlo todo... no sabe uno por dónde empezar. ¡Ah! lo primero es esta carta para el señor Koller. Venid conmigo; seguidme.

Escena XI

Juan, Marta, Berton, Koller

Koller (Viendo a Berton.) ¿Qué veo? ¿qué hacéis aquí? ¿quién sois?

Berton ¿Qué os importa? Estoy en la cámara de la reina, y estoy en ella de orden suya. ¿Y vos quién sois para interrogarme?

Koller El coronel Koller.

Berton ¡Koller!... ¡Qué fortuna! Y yo soy Berton Burkenstaf, jefe del pueblo.

Koller ¿Y os atrevéis a poner los pies en este palacio después de dada la orden de vuestra prisión?

Marta ¡Cielos!

Berton Mujer, no tengas cuidado. (A Koller a media voz.) Sé que con vos estoy seguro; somos de la misma camada... nos entendemos... sois de los nuestros.

Koller (Con desprecio.) ¡Yo!

Berton (A media voz.) He aquí la prueba: un pliego que tengo encargo de entregaros de parte del rey.

Koller ¡Del rey! ¿Es posible?... ¿qué significa esto? (Recorre la carta.) ¡Cielos! ¡esta orden!

Berton (A su mujer.) ¿Qué tal? ¿Le ha hecho efecto?

Koller	¡Cristiano! es de su puño... indudablemente... su firma... ¿Podréis explicarme, caballero, por qué casualidad...?
Berton	(Gravemente.) No entraré en ningún detalle ni aclaración: es la orden del rey; ya sabéis lo que tenéis que hacer, y yo también; me voy.
Marta	(Deteniéndole.) Berton, pero... ¿qué dice ese papel?
Berton	No te importa: no puedes saberlo. (A su mujer y a Juan.) Vamos.
Juan	¡Tendré un destino...! ¡oh! ¡y bueno! de lo contrario... os sigo, nuestro amo. (Vanse por la izquierda, escalera secreta.)

Escena XII

Rantzau, que entra por la izquierda; Koller, en pie, pensativo, con la carta en la mano.

Koller	¡Dios mío! ¡El conde Rantzau!
Rantzau	Parece que el señor coronel está muy meditabundo.
Koller	(Llegando a él.) Vuestra presencia, señor conde, me colma ahora más que nunca de placer, y podéis asegurar al consejo de regencia...
Rantzau	No soy del consejo ya; he dado mi dimisión.

Koller	(Asombrado.) (¡Su dimisión!... ies decir, que el otro partido va de capa caída!) (Alto.) Tanto me sorprende eso como la orden que acabo de recibir.
Rantzau	¿Una orden? ¿y de quién?
Koller	(A media voz.) Del rey.
Rantzau	No es posible.
Koller	Precisamente en el momento en que, cumpliendo con la orden del consejo, venía a prender a la reina madre, el rey, que tanto tiempo ha no se metía en asuntos del gobierno ni en negocios de estado, el rey, que había depositado al parecer toda su autoridad en el primer ministro, me manda, a mí, Koller, su fiel vasallo, que prenda esta noche misma a Estruansé y a su mujer..
Rantzau	(Fríamente examinando el papel.) Es la firma de nuestro único y legítimo soberano Cristiano VII, rey de Dinamarca.
Koller	¿Y qué os parece?
Rantzau	Eso iba yo a preguntaros: porque, al fin, la orden no se dirige a mí, sino a vos.
Koller	(Inquieto.) Cierto; pero en la alternativa de haber de obedecer al rey o al consejo de regencia, ¿qué haríais vos en mi lugar?
Rantzau	¿Qué haría yo?... En primer lugar no pediría consejos a nadie.

Koller	Obraríais; pero, ¿en qué sentido?
Rantzau	(Fríamente.) Eso es cuenta vuestra... Como vuestro interés es el que os guía constantemente, meditadlo, calculadlo todo, y ved cuál de los dos partidos os ofrece más ventajas.
Koller	¡Señor conde!
Rantzau	Creo que eso es lo que me preguntáis, y yo empezaría por aconsejaros que leyeseis con detención el sobre de esa carta; dice, si no me engaño: «Al general Koller».
Koller	(¡Al general! Ese título que tantas veces me ha negado.) (Alto.) ¡Yo general!
Rantzau	(Con dignidad.) Nada más justo; un rey premia a los que le sirven, así como castiga a los que le desobedecen.
Koller	(Lentamente y mirándole.) Para premiar y castigar es preciso tener poder: ¿lo tiene?
Rantzau	(En el mismo tono.) ¿Quién os ha entregado esa orden?
Koller	Berton Burkenstaf, que se llama jefe del pueblo.
Rantzau	Eso podría probar que existe en el pueblo un partido dispuesto a pronunciarse, y con el cual podríais contar.
Koller	(Vivamente.) ¿Vuecencia puede asegurármelo?

Rantzau	(Fríamente.) Nada tengo que deciros; vos no sois amigo mío. Yo no lo soy vuestro; no tengo necesidad de trabajar para vuestro engrandecimiento.
Koller	Entiendo... (Después de una pausa y acercándose a Rantzau.) Como fiel vasallo, quisiera obedecer las órdenes del rey; en primer lugar es mi deber; pero, ¿y los medios de ejecución?...
Rantzau	(Lentamente.) Facilísimos: la guardia del palacio os está confiada; disponéis vos solo de los soldados...
Koller	(Vacilando.) Sí; pero, ¿Y si sale mal?
Rantzau	¿Y bien? ¿qué puede suceder?
Koller	Nada; que mañana Estruansé me haga ahorcar o fusilar.
Rantzau	(Volviéndose con firmeza.) ¿Eso es lo que os detiene?
Koller	(Ídem.) Eso.
Rantzau	(Ídem.) ¿No tenéis ningún otro reparo?
Koller	Ninguno.
Rantzau	En ese caso, tranquilizaos, de todos modos eso no puede dejar de sucederos.
Koller	¿Qué queréis decir?
Rantzau	Que si mañana Estruansé es poderoso todavía, os hará prender y condenar en veinticuatro horas.

Koller	¿Con qué pretexto? ¿Por qué delito?
Rantzau	(Enseñándole cartas, que vuelve a guardar inmediatamente.) ¿No bastan estas cartas escritas por vos a la reina madre, estas cartas que encierran la primera idea del complot que debe estallar hoy, y en las cuales verá Estruansé que ayer mismo en el acto de servirle le vendíais?
Koller	Señor conde, ¿queréis perderme?
Rantzau	No por cierto; de vos pende que estas pruebas de vuestra traición se conviertan en pruebas de fidelidad.
Koller	¿De qué manera?
Rantzau	Obedeciendo a vuestro soberano.
Koller	(Furioso.) Pero en fin, ¿estáis por el rey? ¿Obráis en su nombre?
Rantzau	(Con altanería.) No tengo que daros cuenta de mis acciones; no me hallo en vuestro poder, y vos estáis en el mío; cuando os oí ayer denunciar al consejo a unos desgraciados de quienes erais cómplice, nada dije, no os arranqué la máscara: os protegí, al contrario, con mi silencio; me convenía así entonces; en el día ya no me conviene; y puesto que me habéis pedido consejos os quiero dar uno. (Con tono importante y a media voz.) Ejecutad las órdenes de vuestro rey: prended esta misma noche, en medio del baile que se dispone, a Estruansé y a la condesa, o sino...

Koller	(En la mayor agitación.) Enhorabuena: decidme únicamente que esta causa es la vuestra en lo sucesivo; que sois uno de los jefes, y acepto.
Rantzau	Eso es cuenta vuestra. Esta noche el castigo de Estruansé, o el vuestro mañana. Mañana seréis general, o fusilado; escoged. (Da un paso para salir.)
Koller	(Deteniéndole.) ¡Señor conde!...
Rantzau	¿Qué resolvéis, coronel?
Koller	Obedeceré.
Rantzau	¡Bien! (Con intención.) ¡Adiós, general! (Vase por la izquierda y Koller por el foro.)

Acto V

Salón del palacio de Falklend. A cada lado una gran puerta; en el fondo otras y dos vidrieras de otros tantos balcones. A la izquierda en primer término una mesa, y recado de escribir. Sobre la mesa dos bujías encendidas.

Escena I

Carolina, envuelta en una capa y debajo un traje de baile; Falklend

Falklend	(Dando un abrazo a su hija.) ¿Cómo estáis ya?
Carolina	Gracias, señor; estoy mejor.
Falklend	Tu extraordinaria palidez me había asustado; creí que te caías en medio del baile, delante de todo el mundo.
Carolina	Ya sabéis que yo hubiera preferido estarme aquí; pero vos, a pesar de mis ruegos, habéis querido que fuese.
Falklend	Cierto: ¿qué no se hubiera dicho de tu ausencia? ¿No era bastante que se hubiese enterado ayer todo el mundo de tu turbación cuando encontraron en casa a ese joven? No era cosa, me parece, de que creyesen las gentes que tus penas te impedirían asistir a la fiesta.
Carolina	¡Padre mío!
Falklend	Que estaba por cierto magnífica. ¡Qué lujo! ¡Qué suntuosidad! ¡Qué multitud! No necesito más pruebas de la seguridad, de la firmeza de nuestro poder: por fin hemos fijado la suerte; nunca ha estado la condesa más seductora; ¡se veía brillar en sus ojos el orgullo del triunfo! A propósito, ¿has reparado en el barón de Geler?

Carolina	No, señor.
Falklend	¿Cómo no? Ha abierto el baile con la condesa, y parecía todavía más satisfecho de esta predilección que de su nueva dignidad de ministro; porque le han nombrado... Sucede inmediatamente al conde de Rantzau, que a fuer de hábil nos deja, y se va cuando viene la fortuna.
Carolina	No son muchos capaces de hacer otro tanto.
Falklend	Sí; ¡siempre le ha gustado singularizarse! así es que no le hemos guardado por eso ningún rencor. Que se retire, que haga sitio a otros; ha concluido, y la corte, que teme su talento, se ha considerado muy afortunada en darle un sucesor.
Carolina	A quien no teme.
Falklend	¡Precisamente! ¡a un caballero amable y galante como mi yerno!
Carolina	¡Vuestro yerno!
Falklend	(Con severidad y mirando a Carolina.) Sin duda.
Carolina	(Con timidez.) Mañana os hablaré, señor, acerca del barón.
Falklend	¿Y por qué no ahora mismo?
Carolina	Es tarde, la noche está muy adelantada; y, además, no estoy enteramente restablecida de la conmoción que he experimentado.

Falklend		Pero, ¿cuál ha sido la causa de esa conmoción?
Carolina		¡Ah! eso sí puedo deciroslo. Nunca me he hallado tan sola ni tan aislada como en esa fiesta, y al notar la alegría que brillaba en todos los semblantes no podía creer que a algunos pasos de allí seres desgraciados gemían acaso entre cadenas... Perdonadme, padre mío; esta idea era superior a mis fuerzas, y me perseguía por todas partes. Cuando el marqués de Ostén se acercó a Estruansé, que estaba a mi lado, y le habló al oído, no entendí bien lo que dijo; pero Estruansé parecía estar impaciente, y por fin se levantó diciendo: «Es tiempo perdido, señor marqués: no puede haber piedad para los delitos de alta traición; no lo olvidéis». El marqués entonces se inclinó, respondiéndole: «No lo olvidaré, excelentísimo señor, y acaso no tardaré en tener ocasión de recordároslo».
Falklend		¡Qué insolencia!
Carolina		Este incidente había reunido algunas personas a nuestro alrededor y oí confusamente estas palabras: «El ministro tiene razón: es preciso hacer un ejemplar». «Sí, decían otros, ¡pero condenarle a muerte!..» ¡Condenarle! al oír esta palabra, un frío mortal se difundió por mis venas, se me puso un velo delante de los ojos, y sentí que mis fuerzas me abandonaban.
Falklend		Felizmente estaba yo cerca de ti.
Carolina		Sí; era un terror absurdo y quimérico, lo conozco; pero, ¿qué queréis? Encerrada hoy todo el día en mi cuarto, a nadie había visto ni preguntado... Hay un nombre que

	no me atrevo a pronunciar en vuestra presencia, pero... ¿no es verdad que él no tiene por qué temer?
Falklend	Seguramente... que no... tranquilízate.
Carolina	Eso he dicho yo... es imposible... por otra parte, le prendieron ayer, no pueden haberle condenado hoy, y los pasos que habrán dado los suyos, y vuestra influencia misma, padre mío...
Falklend	Por supuesto: como tú has dicho muy bien, mañana, querida mía, hablaremos de eso. Me retiro, te dejo.
Carolina	¿Volvéis al baile?
Falklend	No: he dejado en él a Geler, que hará nuestras veces perfectamente, y que bailará probablemente toda la noche... No puede tardar mucho en amanecer; ya no me acuesto; voy a mi despacho a trabajar. ¡Hola! (Jorge aparece en el fondo, y otro criado que toma una bujía.) Vamos, hija mía, valor, ánimo. Buenas noches, buenas noches.

(Sale seguido de un criado.)

Escena II

Carolina, Jorge

Carolina	¡Respiro! me había asustado sin razón; se trataría de otro sin duda. ¡Ah! se me figuraba que todos deben estar como yo, y no pensar más que en él.
Jorge	Señorita...

Carolina   ¿Qué hay, Jorge?

Jorge   Hace gran rato que está ahí esperando una mujer que da lástima por cierto. Dice que, aunque le cueste esperar toda la noche, está resuelta a no salir de la casa sin haber hablado a la señorita privadamente.

Carolina   ¿A mí?

Jorge   Me ha suplicado que os pase el recado.

Carolina   ¡Que entre! aunque estoy muy cansada, la recibiré.

Jorge   (Que ha ido a buscar a Marta.) Aquí tiene usted, buena señora... aquí está la señorita: despachaos, que es tarde.

(Vase.)

Escena III

Marta y Carolina

Marta   Mil perdones, señorita, por atreverme a estas horas...

Carolina   Señora Burkenstaf... (Corriendo a ella y cogiéndole las manos.) ¡Ah, cuánto me alegro de haberos recibido! ¡qué dichosa soy cuando os veo! (Con alegría y ternura.) (¡Es su madre!) (Alto.) ¿Venís a hablarme de Eduardo?

Marta	¡Ah! señorita, en medio de mi desesperación, ¿puedo hablar por ventura de otra cosa que de mi hijo... de mi pobre hijo? vengo de verle.
Carolina	(Con viveza.) ¿Le habéis visto?
Marta	(Llorando.) Vengo de abrazarle, señorita... ¡por la última vez!
Carolina	¿Qué decís?
Marta	Le han notificado esta tarde su sentencia.
Carolina	¿Qué sentencia? ¿qué quiere decir eso?
Marta	(Con alegría.) ¿Lo ignorabais, señora? ¡Ah! ¡tanto mejor! de otra suerte no hubierais estado en ese baile, ¿no es verdad? Por elevada que sea vuestra clase, por grande que fuera el compromiso, no habríais podido divertiros cuando el que tanto os ha querido está condenado a muerte...
Carolina	(Dando un grito.) ¡Ah! (Con delirio.) ¡Con que decían la verdad! hablaban de él... y mi padre me ha engañado. (A Marta.) ¡Le han condenado!
Marta	Sí, señorita. Estruansé lo ha firmado, la condesa lo ha consentido. ¿Podéis concebirlo, señora? ¡y es madre sin embargo! ¡tiene un hijo!
Carolina	Serenaos, señora; yo tengo alguna esperanza todavía.
Marta	Yo pongo en vos todas las mías. Mi marido tiene proyectos que no quiere explicarme; no debiera deciros...

| | pero vos no me venderéis; entretanto no se atreve a presentarse; está escondido; sus amigos no darán la cara, o la darán muy tarde; y yo, en medio de mi dolor, ¿qué puedo intentar? ¿qué puedo hacer? Si todo se redujese a morir... nada os pediría, ya estaría mi hijo en libertad. He corrido a su calabozo, he dado tanto oro, que los he reducido a que me vendiesen el placer de abrazarle; le he estrechado contra mi corazón, le he hablado de mi desesperación de mis temores... Pero ¡ah! ¡él no me ha hablado sino de vos! |

Carolina   ¡Eduardo!

Marta   Sí, señora; el ingrato, al consolarme, pensaba en vos. «Espero, me decía, que ignorará mi suerte, que no sabrá nada, porque felizmente será al amanecer... al rayar el día.»

Carolina   ¿El qué?

Marta   (Con delirio.) ¿No os lo he dicho, señora, o no lo habéis adivinado por mi desesperación? Dentro de poco, de aquí a algunos instantes, es cuando van a matar a mi hijo.

Carolina   ¡A matarle!

Marta   Sí; a matarle, sí, ahí, en esa plaza; debajo de vuestros balcones le van a conducir. Entonces, en el delirio que se apoderó de mi alma, me desasí de sus brazos, y, desoyendo sus ruegos, he corrido aquí para deciros: «Le van a matar... amparadle...» pero vos no estabais aquí, y he esperado... ¡Ah, qué horrible suplicio! ¡Considerad si habré sufrido contando los minutos de esta noche que deseaba y temía abreviar! pero ya estáis aquí; ya os veo; vamos juntas a arrojarnos a los pies de vuestro padre, a los pies de la condesa; ella lo puede todo; pediremos el perdón de mi hijo.

Carolina   Os lo prometo.

Marta   Vos le diréis que no es culpable; no lo es, y os lo juro; nunca ha pensado en complot ni en rebeliones: nunca ha pensado en conspirar,¡él no pensaba en nada sino en amaros!

Carolina   Lo sé, lo sé, y su amor es lo que le ha perdido: por mí, por salvarme moriría... ¡Oh! no; no puede ser; tranquilizaos; yo os respondo de su vida.

Marta   ¡Es posible!

Carolina   Sí, señora, sí; una persona quedará perdida; pero no será él.

Marta   ¿Qué queréis decir?

Carolina   ¡Nada!... ¡nada!... Volveos a vuestra casa, partid: dentro de algunos instantes obtendrá su perdón; ¡se salvará! descuidad en mi celo.

Marta   (Vacilando.) Pero sin embargo...

Carolina   En mi palabra... En mis juramentos.

Marta   Pero...

Carolina	(Fuera de sí.) Pues bien, en mi ternura... ¡en mi amor! ¿Me creéis ahora?
Marta	(Asombrada.) ¡Cielos! Sí, señorita, sí... ya no tengo miedo. (Dando un grito y señalando a la vidriera.) ¡Ah!
Carolina	¿Qué tenéis?
Marta	¡Se me figuró que amanecía! No; a Dios gracias es de noche todavía. Dios os proteja y os pague algún día lo dichosa que me hacéis; ¡adiós, adiós!.. (Vase.)

Escena IV

Carolina, agitada

Carolina	Diré la verdad; diré que no es culpable; publicaré a gritos que se ha acusado a sí mismo para no comprometerme, y para salvar mi reputación. Y yo... (Deteniéndose.) ¡Oh! ¡yo perdida! deshonrada para siempre... ¿Y qué? ¿de qué me sirve pensar en eso? es forzoso; no puedo permitir su muerte. Él por amor me daba su vida, y yo por amor le daré más todavía. (Sentándose.) Sí, sí; escribamos; pero, ¿a quién confiarme? a mi padre... ¡oh! no: ¿a Estruansé? menos: delante de mí ha dicho que no perdonaría jamás; pero la condesa es mujer, me comprenderá... por otra parte, yo no quería creerlo, pero si, como dicen, es amada, ¡si ama! ¡Dios mío, haz que sea cierto! tendrá lástima de mí, y no me culpará; (Escribiendo rápidamente.) démonos prisa; esta declaración solemne no dejará duda alguna acerca de su inocencia. Carolina de Falklend.. (Dejando caer la pluma.) ¡Ah! mi oprobio, mi deshonra es lo que firmo: (Plegando la carta.) no pensemos en eso, no nos

acordemos de nada... los momentos son preciosos, y a estas horas... ¿de qué medio me valdré? ¡Ah! por su camarera... enviándole a Jorge, que es de toda confianza... Sí, es el único medio de hacer que llegue pronto esta carta a su destino.

Escena V

Carolina, Falklend

Falklend — (Ha oído las últimas palabras, se pone delante de ella, y le coge la carta.) ¡Una carta! ¿para quién?

Carolina — (Con espanto.) ¡Mi padre!

Falklend — «A la señora condesa Estruansé.» Vaya, no os turbéis de esa manera; puesto que tenéis tanto interés en que esta carta llegue a manos de la condesa, yo se la entregaré... pero paréceme tengo derecho para saber lo que mi hija escribe, y me permitiréis... (Queriendo abrir la carta.)

Carolina — (Con tono deprecatorio.) Señor...

Falklend — (Abriendo.) Me lo permitís... (Leyendo.) ¡Cielos! ¡Eduardo Burkenstaf estaba aquí por vos, oculto en vuestro cuarto, y en presencia de todo el mundo ha sido descubierto!

Carolina — Sí, sí; ¡esa es la verdad! ¡Abrumadme con vuestro enojo! no soy culpable, ni indigna de vos; no, os lo juro; bastante es ya que mi imprudencia haya podido comprometeros; ni trato de justificarme, ni de evitar reconvenciones que tengo tan merecidas, pero he sabido, y vos me lo ocultabais, que está condenado a muerte, que,

	víctima de su generosidad, va a perecer por salvar mi honor; entonces he creído que comprarle a ese precio era perderle para siempre; he querido ahorrarme a mí remordimientos, a vos un crimen... ¡he escrito!
Falklend	¡Firmar una confesión de esta especie! y, por medio de este testimonio que va a hacerse, que debe ser público, ¡declarar a los ojos de la condesa, del primer ministro, de la corte entera, que la condesa de Falklend, ciega por un comerciante, ha comprometido por él su clase, su cuna, su padre, que demasiado expuesto ya a los tiros de la calumnia y de la sátira se va a ver abrumado ahora, y va a sucumbir bajo sus golpes! No; este escrito, padrón de nuestra infamia y de nuestra ruina, no verá la luz pública.
Carolina	¿Qué osáis decir, señor? ¡No os opondréis a esa sentencia!
Falklend	No soy yo el único que la ha firmado.
Carolina	Pero sí sois el único sabedor de su inocencia; si os negáis a enviar esa esquela a la condesa, corro a echarme a sus pies... Pertenezco a su casa... Sí, señor, sí, por vuestro honor, por vuestra tranquilidad; yo le gritaré: «¡Perdón, señora!... ¡salvad a Eduardo, y salvad sobre todo a mi padre!».
Falklend	(Deteniéndola.) ¡No, no iréis! no saldréis de aquí.
Carolina	(Asustada.) ¡Espero que no trataréis de detenerme por fuerza!

Falklend	Quiero, a pesar vuestro, impedir vuestra perdición, y no os separaréis de mí. (Cierra la puerta del foro. Carolina le sigue para detenerle, pero dirige una mirada a la vidriera, y da un grito.)
Carolina	¡Ah! ¡la aurora, la aurora! he aquí la hora de su suplicio; si os detenéis, no hay esperanza de salvarle; solo nos quedarán nuestros remordimientos: ¡padre mío! ¡por Dios! os lo ruego a vuestros pies: ¡mi carta!
Falklend	Dejadme... levantaos.
Carolina	No; no me levantaré: he prometido su vida a su madre, y cuando venga a pedirme a su hijo, a quien vos habréis muerto, y a quien yo amo. (Ademán de cólera de Falklend. Carolina se levanta rápidamente.) No; bien; no le amo ya; le olvidaré; faltaré a todos mis juramentos... seré la esposa de Geler... os obedeceré; (Dando un grito.) ¡ah! ese redoble, ese ruido de armas... (Corre a la ventana.) ¡Soldados! ¡un preso! él es... ¡le llevan al suplicio! ¡Mi carta! presto; enviadla; acaso es tiempo todavía.
Falklend	Compadezco tu locura; he aquí mi respuesta. (Rompe la carta.)
Carolina	¡Ah! ¡esto ya es demasiado! vuestra crueldad rompe todos los vínculos que me unían a vos. Sí: le amo; sí, y nunca amaré o otro... Si perece, yo no le sobreviviré... le seguiré... su madre al menos quedará vengada, y vos como ella os quedaréis sin hija.
Falklend	¡Carolina! (Se oye ruido fuera.)

Carolina	(Con energía.) Oídme empero, oídme con atención; si ese pueblo que se indigna y que murmura se sublevase aún para salvarle, si el cielo, la fortuna, ¿quién sabe? la casualidad tal vez, menos cruel que vos, le sustraje a vuestra venganza, os declaro aquí que no habrá poder en el mundo, ni aun el vuestro, que me impida ser suya: lo juro. (Se oye un redoble más fuerte y gritos en la calle, Carolina da un grito y cae sobre un sillón ocultando su cara con las manos. En aquel momento llaman a la puerta del foro. Falklend va a abrir.)

Escena VI

Carolina, Rantzau, Falklend

Falklend	(Asombrado.) ¡El conde de Rantzau en mi casa a estas horas!
Carolina	(Corriendo hacia él toda llorosa.) ¡Ah! Señor conde, hablad, ¿es cierto?... el desdichado Eduardo...
Falklend	Silencio, Carolina.
Carolina	(Fuera de sí.) ¿Qué consideraciones he de tener yo ahora? Sí, señor conde, yo le amaba, yo soy la causa de su muerte, y yo me castigaré.
Rantzau	(Sonriéndose.) Perdonad; no sois tan delincuente como creéis; Eduardo existe todavía.
Falklend y Carolina	¡Cielos!
Carolina	¿Y ese ruido que hemos oído?...

Rantzau	Le causaban los soldados que le han salvado.
Falklend	(Queriendo salir.) No puede ser; y mi presencia...
Rantzau	Pudiera aumentar acaso el peligro; así es que yo, que no soy nada, que nada aventuro, acudía a vuestro lado, querido y antiguo colega.
Falklend	¿Por qué razón?
Rantzau	Para ofreceros a vos y a vuestra hija un asilo en mi casa.
Falklend	(Estupefacto.) ¡Vos!
Carolina	¿Es posible?
Rantzau	¡Eso os asombra! ¿No hubierais vos hecho otro tanto por mí?
Falklend	Os doy gracias por vuestra generosidad, pero antes de todo quisiera saber... ¡Ah! ¡el barón de Geler! Y bien, amigo mío, ¿qué hay? hablad presto.

Escena VII

Carolina, Rantzau, Geler, Falklend.

Geler	¿Qué diablos sé yo? es un desorden, una confusión. Por más que pregunto, como vos, ¿qué hay? ¿cómo se ha compuesto esto? todos me preguntan, y nadie me responde.
Falklend	Pero vos estabais allí en el palacio...

Geler	Ya se ve que estaba: he abierto el baile con la condesa, y, poco tiempo después de haberse retirado su excelencia, estaba yo bailando el nuevo minué de la corte con la de Thornston, cuando entre los grupos que nos miraban empiezo a notar una distracción que no era natural; no nos miraban ya, hablábanse unos a otros en voz baja; circulaba por los salones un murmullo sordo y prolongado; dábanse prisa todos a recoger sus pieles y sus capas, y a tomar sus coches. ¿Qué es eso? ¿Qué hay? Se lo pregunto a mi pareja, que está de todo tan inocente como yo; y por fin sé por un lacayo pálido y consternado que la condesa acaba de ser presa en su cuarto de orden del rey.
Falklend	¡De orden del rey! pues ¿y Estruansé?
Geler	Preso también, de vuelta del baile.
Falklend	(Con impaciencia.) ¿Y Koller?, ¡santo Dios! ¿Koller, a quien estaba confiada la guardia?
Geler	Eso es lo más sorprendente y lo que me hace dudar de todo. Añaden que esas dos prisiones han sido ejecutadas, ¿por quién diréis? por Koller mismo, portador de una orden del rey.
Falklend	¿Él...? ¿Koller vendernos? Es imposible.
Geler	(A Rant.) Eso es lo que yo he dicho; no es posible; pero entretanto se dice, se repite; la guardia de palacio grita: ¡Viva el rey! el pueblo, sublevado por Berton Burkenstaf y sus amigos, grita más fuerte todavía; las demás tropas, que habían hecho resistencia en un principio, hacen a la hora esta causa común con ellos; por fin, yo no he

	podido entrar en mi casa, delante de la cual he visto un grupo amotinado, y me vengo aquí, no sin riesgo, y conforme me ha pillado, en traje de baile.
Rantzau	En la actualidad menos peligroso es ese traje que el de ministro.
Geler	De ayer acá no han tenido tiempo de hacerme el mío.
Rantzau	Podéis ahorraros ese dinero. ¿Qué os decía yo ayer? Todavía no ha veinticuatro horas, y ya no sois ministro.
Geler	¡Señor conde!
Rantzau	Lo habéis sido para bailar una contradanza, y después de un trabajo de esta especie necesitaréis algún descanso; os lo ofrezco en mi casa, (Con viveza.) así como a todos los demás, pues es el único asilo donde podéis estar actualmente seguros; y no hay tiempo que perder. ¿Oís los gritos de esos furiosos? venid, señorita, venid... seguidme todos y vamos. (En este momento se abren violentamente las dos vidrieras del fondo. Juan y varios marineros y hombres del pueblo aparecen en el balcón armados de carabinas.)

Escena VIII

Juan, Rantzau, Carolina, Falklend, Geler

Juan	(Apuntando.) Alto ahí, excelentísimos señores; ¿adónde bueno?

| Carolina | (Dando un grito y rodeando a su padre con sus brazos.) ¡Ah, señor, soy siempre vuestra hija! lo soy al menos para morir con vos. |

| Juan | ¡Encomendad vuestra alma a Dios! |

Escena IX

Juan, Rantzau; Eduardo, con el brazo izquierdo suspendido arrojándose por la puerta del foro, y poniéndose delante de Carolina, Falklend y Geler.

| Eduardo | (A Juan y sus compañeros, que acaban de saltar en la habitación.) Deteneos, no haya muertos, no haya sangre; caigan del poder; eso basta. (Señalando a Carolina, Falklend y Geler.) A costa de mi vida los defenderé; ¡yo los protejo! (Viendo a Rantzau y corriendo a él.) ¡Ah, mi libertador, mi Dios tutelar! |

| Falklend | (Admirado.) ¡Él!... ¡el conde de Rantzau! |

| Juan y sus compañeros | (Inclinándose.) ¡El conde de Rantzau! eso es otra cosa; es el amigo del pueblo, es de los nuestros. |

| Geler | ¡Es posible! |

| Rantzau | (A Falklend, Geler y Carolina.) Sí, señor; amigo de todo el mundo; preguntádselo sino al general Koller, y a su digno aliado el señor Berton Burkenstaf. |

| Todos | (Gritando.) ¡Viva Berton Burkenstaf! |

Escena X

Juan y sus compañeros, Eduardo; Marta, entrando la primera y abalanzándose a su hijo, a quien abraza; Berton, rodeado del pueblo; Rantzau, Carolina, Falklend, Geler. Detrás de ellos Koller; y en el fondo pueblo, soldados, magistrados, gentes de la corte.

Marta   (Abrazando a Eduardo.) ¡Mi hijo! ¡herido! ¡está herido!

Eduardo   No, madre mía, no es nada. (Le abraza varias veces mientras el pueblo grita. ¡Viva Berton Burkenstaf!)

Berton   Sí, amigos míos, sí; por fin hemos triunfado; gracias a mí, que en servicio del rey todo lo he conducido y dirigido: me glorío de ello.

Todos   ¡Viva!

Berton   (A su mujer.) ¿No oyes, mujer? Ha vuelto el favor.

Marta   ¿Qué me importa a mí? ya no pido nada; ya tengo a mi hijo.

Berton   ¡Silencio, señores, silencio! Tengo aquí las órdenes del rey, órdenes que acabo de recibir en este instante; nuestro augusto soberano tenía puesta en mí toda su confianza.

Juan   (A sus compañeros.) ¡Tiene razón el rey! (Señalando a su amo, que se saca de la faltriquera la orden.) Parece que no, pero ¡qué cabeza! Ya sabía él lo que se hacía cuando tiraba el oro a manos llenas... (Con alegría.) Porque de veinte mil florines no le queda nada, ni un rixdaler.

Berton	(Abriendo el pliego y haciéndole señas para que calle.) ¡Juan!...	
Juan	Bien, nuestro amo. (A sus compañeros.) Y si la cosa hubiera salido al revés, todos hubiéramos olido a cordel, él, su hijo, su familia, y los mancebos de su tienda.	
Berton	¡Juan, silencio!	
Juan	Bien, nuestro amo. (Gritando.) ¡Viva Burkenstaf!	
Berton	(Con satisfacción.) Bien está, amigos míos, bien; pero escuchad. (Leyendo.) «Nos Cristiano VII, rey de Dinamarca, a nuestros fieles vasallos y habitantes de Copenhague, salud. Después de haber castigado la traición, réstanos recompensar la fidelidad en la persona del conde Beltrán de Rantzau, a quien, bajo la regencia de nuestra madre, la reina María Julia, nombramos nuestro primer ministro.»	
Rantzau	(Con aire modesto.) ¡Yo que pretendo retirarme de los negocios!...	
Berton	(Con severidad.) ¡Imposible, señor conde! el rey lo manda; es preciso obedecer. Dejadme acabar, os ruego. (Leyendo.) «En la persona del conde Beltrán de Rantzau, a quien nombramos nuestro primer ministro, (Con énfasis.) y en la de Berton Burkenstaf, comerciante de Copenhague, a quien nombramos en nuestra casa real (Bajando la voz.) primer mercader de sedas y proveedor de la corona.»	
Todos	¡Viva el rey!	

Juan	¡Magnífico! Pondremos las armas reales sobre nuestra tienda.
Berton	(Haciendo un gesto.) ¡Linda recompensa! ¡y al precio que esto me cuesta!...
Juan	¿Y yo, aquel destinillo que me habíais prometido?
Berton	Déjame en paz.
Juan	(A sus compañeros.) ¡Qué ingratitud! yo que lo he hecho todo, ¡de esta suerte me pagan!
Rantzau	Puesto que el rey lo exige, fuerza es obedecer, señores, y tomar uno sobre sus hombros una carga que harán más ligera, como lo espero, (A los magistrados.) vuestros consejos, y el aprecio de mis conciudadanos. (A Eduardo.) Por lo que hace a vos, caballero, que en esta ocasión habéis corrido los mayores peligros, se os debe también alguna recompensa...
Eduardo	(Con franqueza.) Ninguna, señor; ahora puedo decírselo, a vos solo... (A media voz.) jamás he conspirado.
Rantzau	(Imponiéndole silencio.) Bien, bien; esas cosas no se dicen nunca, sobre todo después.
Eduardo	(Señalando a Carolina.) El único premio...
Carolina	¡Eduardo!
Rantzau	Arreglaremos eso: mi antiguo colega acaso vencerá ahora su repugnancia.

Berton	(Tristemente.) (¡Proveedor de la corona!)
Marta	Ya debes estar contento, ¿no era eso lo que deseabas?
Berton	¡Qué diablos! ya lo era de hecho: sino que antes proveía a dos cortes, la de la reina madre y la de la condesa; y derribando a una pierdo la mitad de mi parroquia.
Marta	Y has aventurado tu fortuna, tus bienes, tu vida, la de tu hijo, que está herido, y acaso peligrosamente, ¿y todo para qué?
Berton	(Señalando a Rantzau y Koller.) Para otros, que se llevan la prebenda.
Marta	¡Y luego haga usted conspiraciones!
Berton	(Alargándole la mano.) Se acabó; en lo sucesivo las veré pasar, ¡y lléveme el diablo si me vuelvo a meter en otra!
Todo el pueblo	(Rodeando a Rantzau, e inclinándose delante de él.) ¡Viva el conde de Rantzau!

Libros a la carta

A la carta es un servicio especializado para
empresas,
librerías,
bibliotecas,
editoriales
y centros de enseñanza;
y permite confeccionar libros que, por su formato y concepción, sirven a los propósitos más específicos de estas instituciones.
Las empresas nos encargan ediciones personalizadas para marketing editorial o para regalos institucionales. Y los interesados solicitan, a título personal, ediciones antiguas, o no disponibles en el mercado; y las acompañan con notas y comentarios críticos.
Las ediciones tienen como apoyo un libro de estilo con todo tipo de referencias sobre los criterios de tratamiento tipográfico aplicados a nuestros libros que puede ser consultado en Linkgua-ediciones.com.
Linkgua edita por encargo diferentes versiones de una misma obra con distintos tratamientos ortotipográficos (actualizaciones de carácter divulgativo de un clásico, o versiones estrictamente fieles a la edición original de referencia.) .
Este servicio de ediciones a la carta le permitirá, si usted se dedica a la enseñanza, tener una forma de hacer pública su interpretación de un texto y, sobre una versión digitalizada «base», usted podrá introducir interpretaciones del texto fuente. Es un tópico que los profesores denuncien en clase los desmanes de una edición, o vayan comentando errores de interpretación de un texto y esta es una solución útil a esa necesidad del mundo académico.
Asimismo publicamos de manera sistemática, en un mismo catálogo, tesis doctorales y actas de congresos académicos, que son distribuidas a través de nuestra Web.
El servicio de «libros a la carta» funciona de dos formas.
1. Tenemos un fondo de libros digitalizados que usted puede personalizar en tiradas de al menos cinco ejemplares. Estas personalizaciones pueden ser de todo tipo: añadir notas de clase para uso de un grupo de estudiantes, introducir logos corporativos para uso con fines de marketing empresarial, etc. etc.

2. Buscamos libros descatalogados de otras editoriales y los reeditamos en tiradas cortas a petición de un cliente.

www.ingramcontent.com/pod-product-compliance
Lightning Source LLC
LaVergne TN
LVHW041336080426
835512LV00006B/478